山东省委宣传部
“齐鲁优秀传统文化传承创新工程”
研究阐发类儒学重大基础研究工程项目

山东省文化厅
“大师引进工程”
重点科研项目

山东省艺术研究院
“齐鲁文化传承传播工程”
重点科研项目

山东大学出版社

儒学与艺术学论丛

总主编 张积强

儒學与造型藝術

李希今
姚曦平 著

总序

以孔孟学说为主体的儒家思想，凭借其丰富的历史感、文化感和道德感，自先秦之后，逐渐成为我国社会的统治思想和中国人的主流价值观，并在发展中逐步居于中华民族主体文化的地位。儒家思想中的“礼”“乐”“仁”“和”“中庸”等观念，深刻影响了中国传统的政治伦理、道德观念以及文学艺术的审美追求。在此背景下，与儒学密切互动的过程已成为中国艺术发展史的重要组成部分。艺术研究不能无视儒学思想的影响，儒学研究也不能缺失艺术研究的内容。梳理儒学与艺术学的关系，整理、阐释儒学对艺术的推衍，对于两者各自领域的研究都具有重要意义。

2013年11月，习近平总书记在视察孔子研究院时提出，要加强孔子及儒家思想的研究和传播，进一步弘扬中华优秀传统文化的精神。随后，山东省提出要整合儒学研究力量，着力打造世界儒学研究学术高地。为积极学习贯彻习近平总书记视察山东时关于弘扬中华优秀传统文化的重要讲话精神，更好地落实中共山东省委宣传部、山东省文化厅关于深入学习贯彻习近平总书记重要讲话精神的意见和工作部署，体现山东省唯一的省级艺术研究机构的学术担当，山东省艺术研究院决定迎难而上，重点开展儒学与艺术学的交叉研究，为儒学和艺术学发展作出应有贡献。

2014年初，经多方论证，山东省艺术研究院正式启动《儒学与艺术学论丛》（以下简称《论丛》）研究项目，将其纳入院属“齐鲁文化传承传播工程”重点科研范畴。项目一经立项，立刻得到学界和文化主管部门的广泛关注，入选山东省文化厅“大师引进工程”重点项目，得到省文化厅的大力支持。2015年，尚未出版的《论丛》又入选山东省委宣传部“齐鲁优秀传统文化传承创新工程”研究阐发类儒学重大基础研究工程项目。在编写过程中，山东省艺术研究院以大格局理念、贡献度理念、内涵建设理念和融合发展理念为指引，集全院之力，把《论丛》当作院内的一号工程来抓。可以说，《论丛》从项目启动之初，到编写，再到出版，所得到的关注和支持是深切而真挚的。

《论丛》着眼于系统呈现我国儒学对艺术主要门类的重要影响，探讨儒学与艺术间的密切互动，包括《儒学与艺术》《儒学与音乐》《儒学与戏剧》《儒学与曲艺》《儒学与舞蹈》《儒学与造型艺术》六个专题，每个专题独立成册。整套书120余万字，200余幅图片，集学术性与资料性为一体，均为独立研究成果。作者队伍有中青年学者17人，以山东省艺术研究院科研骨干为主体，部分整合省内高等院校学者。在大家的齐心协力之下，经过两年多的辛苦奋战，《论丛》终于得以完成。

目前呈现在读者面前的六册书，既有作为丛书的鲜明共性，又不乏每个专题的独特风格。从儒学创始期的孔子、孟子、荀子到宋明理学的朱熹，一直到近现代的新儒学大师，都通过多种形式论及艺术。可以说，我国艺术的精神、审美、传播、功能、教育等各方面的发展都与儒学息息相关。历代艺术对儒学的态度，既有认同性呈现，也同时有疏离性和批判性的建构，呈现一种丰富性的存在。梳理儒学中的艺术思想，探讨儒学与艺术的密切关联，不仅对于深刻把握中国艺术理论和艺术发展史都有积极意义，同时也对当代艺术创作和社会主义文化艺术大发展、大繁荣具有参考意义。《儒学与艺术》一书从历时性和结构性的视角重点梳理了儒家的艺术功能观、艺术创作观、艺术审美观。附录选编了历代儒家论艺资料。整本书兼具学术性和资料性。

音乐，是中国优秀传统文化的有机组成部分，其发展、创作主体、本体特色、传播、继承建构等诸多方面无不受到儒学的深刻影响。同时，儒学思想核心是礼乐文化，强调以礼制乐，通过音乐感受和谐之美。儒学与音乐相辅相成，彼此互动，共同构建了传统文化的民族性和独特性。《儒学与音乐》一书分为上、下编：上编《儒学与“乐”》重点探讨儒学与中国传统音乐美学思想的关系、儒学与传统音乐本体的关系等内容；下编《儒家论“乐”》以点带面，力求理清不同时期儒家的音乐思想，以此探析儒家乐论的当代价值。书中纵向比较儒学与音乐的历史渊源、兴起和形成；横向比较中特别突出了传统音乐本体与儒学本体的密切关联，用跨学科的思维深入思考音乐的儒学和儒学的音乐，将集华夏哲学之大成的儒学，与音乐“美”的本质结合在一起探索、研究，具有创新意义。

戏曲是中国优秀传统文化的重要组成部分，在世界戏剧史上，中国戏曲与古希腊戏剧、印度梵剧并称为“世界三大戏剧体系”，并以其鲜明的民族特征，在其他两大戏剧体系逐渐衰落之后，依然屹立在世界舞台艺术之林。作为中国传统文化的主导，儒家文化对中国戏剧（尤其是古典戏剧）的影响亦是广泛而深远的。同时，儒学思想也通过形象化的戏剧得以更广阔和更生动的传播，渗透到时代生活的各个角落。《儒学与戏剧》一书，从儒学与中国戏剧的生发机制、儒学与中国戏剧的创作主体、儒学与中国戏剧的内容呈现、儒学与中国戏剧的艺术特征等四个方面，系统、详尽地阐述了儒学与中国戏剧在生成机制、创作主体、内容功用、本体特色等诸多方面的影响与互动，从一个新的角度，揭示出儒学对中国戏剧的重要影响，对于系统阐发儒学对中国艺术的深远影响，具有十分重要的意义和价值。

儒学与曲艺——一个高居庙堂之上，另一个植根乡野之中；一个是中国文化之正统，另一个是草根艺术之典型。两者表面上看来像“两股道上跑的马车”，似乎没有什么联系。事实上，两千多年来，两者几乎是相伴而生、相向而长，产生了盘根错节、千丝万缕的联系。历史上关于儒学跟曲艺的论著多不胜数，但将两者联系起来进行系统论述的却绝无仅有。《儒学与曲艺》一书重点从曲艺的演变历程、曲艺创作主体、曲艺作品内容、曲艺艺术手段、曲艺传承方式和曲艺演出习俗六个方面，阐述儒学对曲艺的影响及两者之间的互动关系。全书立足儒学与曲艺的互动关系，从一个新的角度观照了曲艺的文化特色及演进规律，充分揭示儒学与曲艺的当代价值及对全人类的普遍意义。

舞蹈，是一种肢体的艺术。从中国舞蹈的沿革上看，无论是舞蹈的外在形式，还是内在含义都展现了人的追求和美的意境，在传情达意的同时也不乏深层次的思想。可以说，舞文化从起源上就与儒家文化有着某种契合，而且在其发展过程中也打上了深刻的儒家文化烙印。正是无形的儒家思想对有形的舞蹈潜移默化的影响，才赋予舞蹈如此丰富的内涵和强大的生命力，使得中国舞文化枝繁叶茂，兼收并蓄，源远流长。《儒学与舞蹈》在简要梳理中国舞蹈历史发展脉络基础上，分别从中国古代舞蹈中的儒家思想，儒学影响下的汉族民间舞蹈，儒学对近现代舞蹈、舞剧的创作与发展的影响及意义，儒家文化辐射圈影响下的少数民族舞蹈，日本古乐舞与比较研究，儒学对舞蹈教育的影响等几个方面，论述儒学对舞蹈的重要影响。书中不仅关注儒家的乐舞观，还特别梳理比较了古与今、庙堂与民间、中与外、不同民族、不同类型舞蹈形态与儒学的密切关系，对于深化舞蹈思想、舞蹈形态、舞蹈教育等方面的研究具有积极的意义。

《儒学与造型艺术》一书通过对孔子一生践行“志于道，据于德，立于仁，游于艺”（《论语·述而》），布衣至圣的历史脉络进行梳理，结合其出现的社会环境以及表现形式、艺术特征等，为两千多年中孔子图像的演化和变迁追根溯源。书中将儒学与绘画、雕塑、服饰、民间工艺、建筑、舞台等造型艺术融会贯通，进行系统认知和艺术实践，从中发现当代儒学研究对中华文脉形成的本真意义。作者希望通过对两千多年时空历练的孔子形象的灵感形式通观，彰显社会人生艺术灵性本质的“大成”意义；也希望越来越忙乱的当代人，静心从儒家艺术的精神内涵和文化意义中得到启示。

当前，学术界对儒学和艺术学独立研究的成果颇多，但关于儒学与艺术互动、儒学对艺术各门类的影响、儒学对当代艺术发展等方面的系统研究都较为薄弱。《论丛》着眼于梳理儒学中的艺术思想，探讨儒学与艺术的密切关联，进一步推动和深化我国儒学与艺术学理论的结合性研究，于深刻把握中国艺术理论和艺术发展史都有积极意义。同时，《论丛》也为当代文艺理论和创作提供学术支持，对当代艺术创作和社会主义文化艺术大发展大繁荣具有参考意义。山东省艺术研究院不仅专业艺术研究基础雄厚，同时又处于儒学发源的核心地区，在收集、整理和深入发掘孔子及儒家思想、深化重大课题研究等方面也有得天独厚的现实条件。

三年磨一剑。《论丛》在写作的过程中充分发挥了山东省艺术研究院的研究专长，广泛整合资源，在推出高质量学术成果的同时，也锻炼了山东省艺术研究院的学术队伍，一批平均年龄35岁的科研人员茁壮成长，有力地提升了山东省艺术研究院的学术影响力和社会影响力。同时，《论丛》的立项和顺利出版，得力于山东省文化厅“大师引进工程”的全方位支持，从开题、写作到审稿的整个过程，均得到了省文化厅领导的悉心指导，也得到了省内外儒学专家与艺术学名家的学术指导，在此一并表示感谢。同时，对山东大学出版社负责丛书编辑的老师表示衷心感谢。

当然，儒学与艺术学的研究领域博大精深，限于作者知识积累和时间等多方面的原因，目前出版的六册书不可避免地存在诸多问题，敬请方家指正。我们希望在未来能够持续推出更有深度、厚度和温度的研究成果，为我国的艺术学学科和儒学研究添砖加瓦，贡献一份应有之力。

张积强

2016年10月

目录

第一章　儒家思想影响下的传统工艺审美观 …………………………… (1)

第一节　儒家思想影响下的中国手工技艺审美流变 ………………… (3)
第二节　传统木版年画手工艺中的儒学审美观 …………………… (12)
第三节　民间剪纸传统手工艺中呈现的儒学审美 ………………… (23)
第四节　儒家思想影响下的徽州传统木雕之故事题材创作 ……… (33)
第五节　传统手工艺所映射出的儒家伦理教化功能 ……………… (49)

第二章　儒家人生秩序规范影响着中国服饰审美 ………………… (55)

第一节　服饰发展简史 ……………………………………………… (56)
第二节　儒家道德观影响下的传统服饰文化 ……………………… (66)
第三节　"天人合一"儒家精粹在中国传统服饰中的体现 ………… (79)
第四节　儒家审美思想在当今中国服饰设计中的延续 …………… (86)

第三章　历代孔子像赏析 ………………………………………… (97)

主要参考文献 ……………………………………………………… (137)

第一章

儒家思想影响下的传统工艺审美观

自从人类懂得用自己的双手来制作生存工具，人类的生活就开始变得丰富起来。衣食住行方式按美的规律制造，渐渐成为人类生活缺一不可的组成部分。从质朴的原始彩陶器到精美华丽的清代粉彩瓷器；从粗糙的兽皮、麻织服装到舒适、精细的丝织服装，都可以看出人类创造力和审美感觉的不断发展。没有其他生物能像人一样具有发现美并创造美的能力。本书要论述的儒学与造型艺术的关系是一个内容很丰富的课题。除去要详细研究造型艺术等纯艺术与儒学情感、精神贯通外，作为带有人类社会实用性质的工艺美术来说，它与儒学直接的关系更值得我们去深入研究。

人类从吃饭、穿衣到出行、居住的实用功能无不渗透着对造型艺术美的追求。而造型艺术的发展离不开人类审美意识与社会文化的影响。由此，让我们在本书第一、二章，探索作为中华民族传统思想文化主流的儒学与工艺美术密不可分的联系。

作为我国传统文化主流的儒家文化，它经历了几千年的历史沉浮，但在今天仍然散发着耀眼的精神光辉。中国历代，大到政治、经济，小到每个人的日常生活，无不浸透着儒家的智慧。工艺美术作为一种人类的劳动形式存在，明显体现出与其他艺术门类不同的实践、实用性质。它与人们的日常生活朴素大美是息息相关的。因此我们不难看出，人们在生活实践中形成的工艺美术创造，以传统造型的形式得以传承，其中浸透着儒家的智慧。

儒家的工艺审美观由艺术灵感化生而出。中国的传统工艺美术形式丰富多彩，一件礼器，一种工具，一幅色彩斑斓的年画，一张妙趣横生的剪纸，其造型、设色无不蕴含着深厚的儒家智慧。

第一节
儒家思想影响下的中国手工技艺审美流变

从尧舜到周公的礼乐之治一直是孔子心目中的乐园。春秋时期,礼崩乐坏,孔子时常感叹商周乐园一去不复返。感叹之余,孔子又试图恢复、传承商周礼乐制度。“礼乐之治”是一个“大美”的礼制社会,而这种朴素大美意蕴深长,至今具有广大而普遍的社会意义。《论语》中“美”字共出现过 14 次,其大致有两层含义:一种是广义的美,使用方式、场合以及目的较为广泛,多表示好的、美好的事与物等,与“善”“好”“优”等褒义词相近;另一种是狭义的用法,具有特定指向性,通常指审美方面好看的、漂亮的,或直接理解为现代意义上的审美。整部《论语》以零散的对话形式传达了孔子一生“听和视正”致人生“太和”大美的美学思想,既包括对诗乐本身“艺术美”的形式感悟,也推及由诗乐来规范的“社会美”的相应思考。这其中便牵扯出一个“整体性”“太和”的概念:孔子不否认美带有身心愉悦、享受的成分,也提出了对人与人的关系、人与世界关系的真知灼见,“整体性”不仅体现于艺术品本身,也体现于社会逻辑秩序的循序规整,它更是“社会美”的理念基础。在孔子的美学理念中,他始终坚信美具有改变世界、美化世界的能力——移风易俗,恢复周礼——这种隐匿于政治理想之下的美学观始终成立于儒家经典美学观之下。

一、从“仁”“礼”关系看商周手工技艺中的礼乐制度

儒家所重视的天、地、人合一的灵感“太和”及其发展，直接影响了中华民族以技艺、科技为主体内外化一的人和物的创造关系。儒家因“克己复礼为仁”而大力提倡的一整套“礼”的制度，这包括了人们日常生活中的众多规矩，经过对古代礼制的考究，孔子选择以“周礼”为主礼内容，要求“行夏之时，乘殷之辂，服周之冕，乐则韶舞”(《论语·卫灵公》)。“礼”作为儒家实现大同理想的行为规范，从某种程度上极大地影响了人们的生活方式，而以人作为出发点的“仁”在这一意义上则为生活方式奠定了基石，作为生活方式内容之一的工艺造物、生活日用便在这种背景下藏身“礼”制之中。“礼，与其奢也，宁俭；丧，与其易也，宁戚。”(《论语·八佾》)这里主要表达了两个内容：礼是礼节仪式；礼不完全是形式，还包括内心。这就是说，礼仪活动中通过乐器、乐律、舞伎、服饰、诗歌等古代典章制度所体现的，不是完整的礼，其中的核心在于它的内容是否真正符合“仁”。这种深层次的仁礼思想，

图 1-1　现代版本的“四书”

为以后中国历代工艺的发展——主要是宫廷、官府手工业这类官方性质的工艺作坊——规定了一个思想前提以确保礼仪外化的合法性。这种抽象的约束,经过时代的因素和时势、思想潮流的更替,通常有具象化发展的趋势。

"觚不觚,觚哉觚哉!"(《论语·雍也》)觚是商周时期的一种青铜礼器,原为饮酒器,形状细长,上下侈口呈喇叭状,上口略大于下底,细腰,造型优美,这是商周时期觚的造型,西周前期也大抵如此,而后期因礼制颓废逐渐变成近乎于杯子的造型。孔子觉得此时的觚已不是商周的礼器,气愤地说:觚不像觚的样子,这哪里是觚,这哪里是觚啊!法度的破坏影响了礼制,因而法度的重整必须要有礼制的支撑。可见"觚不觚"的形式变革与形式内涵与同出儒家有关当时社会"君不君""臣不臣"的状态一样,已非单纯的工艺造物形式问题,而涉及更大的方面,这就是以"礼"制为"仁"。在孔子看来,坚持了"礼"就达到了"礼"与"仁""太和"。"礼"是"仁"的外化表现形式和实施的具体行为规范,"非礼勿视,非礼勿听,非礼勿言,非礼勿动"(《论语·颜渊》),可见"礼"对于"仁"的重要性。因此,商周时期的礼器、酒器因注重法度、等级层级明确,在维系国家秩序方面确实有独到的社会功能性,无论是爵、

图 1-2　西周青铜觚

角、觯、觚、尊、斝、觥、卣、彝、壶、樽、缶、罍等日常酒器和礼器，还是使用等级更为森严的“九鼎八簋”，都是孔子坚持“正色”“正音”，行“中正”“仁”“礼”思想的现实来源。

由此，“仁”至“礼”对工艺造物的约束关系已清楚地显现出来，“行夏之时，乘殷之辂，服周之冕，乐则韶舞”（《论语·卫灵公》），“郁郁乎文哉，吾从周”（《论语·八佾》），孔子对周朝礼制传承制度的推崇和肯定毋庸置疑。但孔子《论语》又有“君子不器”的著名论断，对这句话的解释历来都有分歧：有的学者认为君子不要像器皿那样，只有一才一艺；也有的学者认为君子不要像器皿那样，只有实在用途而缺乏思想，这样理解才符合孔子对“里仁”之美的全面施及。

二、“文质彬彬”：儒家工艺美学的核心

在孔子的工艺美学观中，“文质彬彬”是一个不可回避的理论命题，这一思想对中国的艺术（包括实用美术）产生了深远影响。孔子说：“质胜文则野，文胜质则史。文质彬彬，然后君子。”（《论语·雍也》）“质”自然是指事物的内在本质，继而可以延伸为内容，甚至可以带有伦理、道德的成分；“文”在这里仅表示外在形式美的含义：“孔子又将那些与礼有关的黄黼黻衣、车舟白马、雕琢刻镂之类的造物称为‘文’。”[1]在这里“文”与“礼”紧密地联系在一起，“文”体现出礼乐形式美。由此就有了这样的推断：“质”出于“仁”的情感本能，“文”出于“礼”的形式外化，这种造物法则实际以人的情感形式需要，形成礼制审美形式的反映。君子不单要有“质”的情感内涵，还要有“文”的审美形式感觉发现能力，二者兼

① 杭间：《中国工艺美学史》，人民教育出版社 2007 年版，第 31 页。

备才为君子。将孔子对人生理想状态的祈愿引申到造物领域，提倡一种在社会理性的基础上去追求一种感性的形式美的思想，做到“文”与“质”的兼备统一，“彬彬”指文质搭配合理、恰当，相应相生，这才是一种合情合理的完美状态。

“文质彬彬”思想与孔子的“中庸之道”相一致，简而言之，即矛盾双方相互依存所表现出来的“恰到好处”，从而保持和谐与统一，世界处于一种和谐平衡的状态才能发展。“中庸”思想经过后世儒家的发展，在人与人、人与社会的关系上因灵活的适用需要而代代发展，其中“尊五美，屏四恶”(《论语·尧曰》)的中庸生活方式的标准，使得长期以来工艺美术的发展都没有超越这个“矩”。不论是人与人、人与物，还是物与物的关系上始终要求一种不偏不倚的和谐状态，因此技艺在上升的道路上既不会发展成“奇技淫巧”，也不会完全走到实用的路子上去，因为在实施“仁”的同时还有“礼”的约束，“文质彬彬”就是这种人生“太和”关系最好的概括。试看中国历代工艺，即使是宫廷官府制作，也没有大幅逾越这个标准，在形式与功能的博弈中始终保持一种融会贯通的均衡。

三、“天人感应”观念影响下的工艺风貌

天人信息感应作为生命现象出现于远古人类。董仲舒把儒学“天人合一”的理念，演变成具有封建神学意味的思想体系，提出“天人感应”说。

儒学发展到了汉代达到了一个顶峰。汉武帝施行了“罢黜百家，独尊儒术”的政策，确定了儒家学说在中国文化史中的正统地位。这个时期儒家原来的统治思想已不能完全适应国家政治的发展，在保持自身特质“和而不同”的同时，吸收其他学派(如阴阳

图 1-3　错金银博山炉
（河北满城汉墓出土）

家）的思想，在思想观念和社会政治中搞神秘主义，逐渐动摇了儒家学派早期那种具有古代人道主义精神的“仁礼”体系，衍生出新的治国之道的指向令——“天人感应”。同在这一时期流行开来的以灾异、符命、图谶等内容为主的谶纬神学也起到了推波助澜的作用。当代学者认为：“董仲舒的天人感应思想奠定了中国古代美学中所强调的人与自然的统一性的理论基础，它同样以人与物、心与物关系的形式反映在工艺美学思想中。”[①]这种观念从汉代的帛画、画像石、漆器金银器装饰题材均可看出。

“天人感应”思想的流行，儒家与阴阳家学说的结合，也助长了谶纬神学的兴盛，在这多方思想的影响之下，社会习俗悄然改变，使得汉代人向往神仙生活，与生前相比更注重死后的居所，因此十分注重墓室建造，厚葬之风席卷而来。反映在工艺美术的装饰题材上，祥瑞迷信、珍禽异兽、羽化登仙等内容处处可见。汉代典型的工艺品种——熏炉的设计，就反映了这种倾向。熏炉也叫“博山炉”，是一种焚香的容器，炉体为豆形，上有盖，对炉盖的铸造格外用心，盖子通常雕镂成重山叠嶂状，山间缀以飞禽走兽，隐

① 杭间：《中国工艺美学史》，人民教育出版社2007年版，第73页。

蔽处有小孔，当炉内香料燃烧时烟雾便从孔中冒出，山峦群峰间烟雾缭绕，尤似仙境。李尤在《熏炉铭》中写道："上似蓬莱，吐气委蛇，芳烟布绕，遥冲紫微。"汉代出土的漆棺、漆椁的主要装饰纹样就是云气纹，且变化形式多种多样，生气灵动。瓦当中亦有不少云的装饰纹样，多为卷云纹。另外汉代是铜镜发展的第一个高峰时期，装饰内容也不尽相同，神人车马、羽人起舞、四灵祥兽以及东王公、西王母等都是常见表现题材。

图 1-4　马王堆 1 号汉墓出土帛画

董仲舒的"天人感应""天人相通"的观点极大地影响了当时的工艺制作与生产，形成了与之相对应的工艺审美观。董仲舒认为："天亦有喜怒之气，哀乐之心，与人相副。以类合之，天人一也。"(《春秋繁露·阴阳义》)"夫喜怒哀乐之发，与清暖寒暑，其实一贯也。喜气为暖而当春，怒气为清而当秋，乐气为太阳而当夏，哀气为太阴而当冬。"(《春秋繁露·阴阳义》)这种"天人感应""天人相通"的美学观念，虽有其神秘性，但在中国美学史上常常成为艺术家们所遵循的原则。这一工艺审美观作为儒家美学在汉代的延续，对当时乃至后世的工艺造物都产生了相当大的影响。

四、宋代理学对传统手工技艺风格的约束

儒家美学发展到宋明时期，已完全失去了对“文”的形式感觉自觉的重视。在“文”“道”关系上，朱熹等宋明理学家所主张的基本观点是：“道者，文之根本；文者，道之枝叶。”（《朱子语类·论文上》）在理学家们看来，“文”比起“道”来是次要的，不必予以重视。先秦的儒学家并没有像宋代理学那样，从本体论的角度解释世界万物的生成，在孔子以“仁”为中心的学说里没有这种类似本元的提及，只是以一个“礼”即包含了所有的器。在理学论著中，没有对“文”之美方面的详细论述，更不会论及“情”与“文”的关系，这不言而喻是重道轻器、重理轻情的。从程颐、程灏开始，理学中的美学思想均持此态度。在具体的美学表达方式上则是保守的、理性的，严谨、笃实、温润含蓄。“以玉比德”就是宋代理学家的审美标准之一。从本质上来说理学轻视审美，它在宋代影响最大，也终于宋代，它所提倡的温厚、笃实、含蓄的风格成为宋代文字趣味的最大特点；反过来说，也是其最大约束。因此，体现在工艺美术上，使得宋代工艺的造型和装饰都较为平和；理学对“器”的约束虽不至于阻碍生活实用，但也约束了“奇技淫巧”的产生，这不失为一个积极方面。也正因为如此，宋代工艺另外的一大特点就是多实用之器。这几个特点在宋代陶瓷上体现得较为明显。宋代陶瓷是中国陶瓷史上难以逾越的高峰，宋代瓷窑遍布南北各地，不论从陶瓷产量、质量还是艺术水平等方面都取得了傲人成绩。总体来说，宋瓷的美学风格是典雅、温润、含蓄，还略有质朴。单看当时的五大名窑——定、汝、官、哥、钧，除了器形质朴、不饰雕镂外，均在釉色上下足功夫，定窑的乳白，汝窑的葱绿，官窑的淡青，耀州窑的橄榄绿，景德镇的影青，钧窑的天蓝、月白以及色如

晚霞的窑变效果，均属淡雅一类。就各个窑的典型器形来看，造型的实用化也说明了这一点。定窑多碗（有实用性极好的玉璧底碗）、盘、杯、盒等，官窑主要以洗、碗为主，耀州窑的碗和大盘最有名，刚崛起的景德镇也以碗、盘、盒、注子居多。

图 1-5　北宋汝窑青瓷莲花碗

虽然理学美学因忽视了“情”和轻视了“文”，而走向了缺少情感生机支持的非美学，实际上成了注经阐道的伦理哲学。但是，在另一种意义上，就理学美学的实质而言，是把“文”视为体现“道”的，认为“文”即“道”，艺术与道德合为一体，艺术体现着人生的伦理境界。所以，理学美学实际上是把艺术知觉附属纯伦理境界的范畴，把儒家的“礼乐传统”作了最为极限的发挥，使美与理念从根本上合为论美的理念，产生了美感顺从于理学有限理念，从而在美感缺失之下完成了儒家美学理念的逻辑进程。

自宋明理学之后，随着中国资本主义的萌芽发展以及西方现代文化的冲击，尤其是清代以后，儒学在中国主流文化中的地位逐渐淡化，对主流工艺的制约和影响力逐渐式微。从某种程度上说，清代是中国从古代传统形态向现代形态的转折点，封建社会已经到了它的最后阶段。中国封建社会的礼制难以再以自身的力量维系下去。“皮之不存，毛将焉附？”（《左传·僖公十四年》）传统儒学随着西学强势东进失去本有的自然也就逐渐被现代文化边缘化了。

第二节
传统木版年画手工艺中的儒学审美观

传统木版年画是中国历史悠久的传统民间艺术形式之一，有着一千多年的历史。年画中门神的历史最为悠久，早在汉代的画像石中就已经出现了“守门将军”的门神雏形。唐代以来佛经版画的发展和雕版技术的成熟、宋代市民文化的发展都大大促进了木版年画的繁荣，北宋时期出现了专门售卖年画的“画市”，当时称为“花纸儿”。道光年间，在李广庭著的《乡言解颐》一书中，正式提出了“年画”一词，从此，所谓“年画”就拥有了固定含义，即是指木版彩色套印的、一年一换的年俗装饰品。经过几千年的发展，到了清代中晚期，民间年画达到了鼎盛阶段，不仅包罗万象，形式多种多样，还出现了大大小小几十个产地，其中著名的有：天津杨柳青、河北武强、山东潍坊、苏州桃花坞、河南朱仙镇、四川绵竹等地。

自宋元时期起，“儒学确立的社会伦理道德以及做人的规范准则，制约和影响着民间艺术这一艺术范畴中的一切领域”[①]。也

① 郭肖蕾：《儒家思想和徽州人物木雕》，东南大学艺术学院硕士学位论文，2004年。

就是说,民间美术被纳入"崇礼"的领域,以弘扬伦理道德为己任,继续为宗法社会服务。明清时期是民间美术发展繁荣时期,其原因可以尝试理解为佛教和道教都失去了朝廷的支持而衰微,因而宗教美术也相应陨落。而以儒教为特征的民间美术的发展壮大起来,在题材、内容、技巧及艺术手法上都大大超过了前代,成为封建社会晚期艺术史上的一朵奇葩。学者庞朴主编的《中国儒学》指出,"宋代儒学分为理学、心学、功利学三大派"①,这三大派之间既有共通性又有层次区别,分别代表三种不同的价值层面:理学成为官方儒学,心学成了士林儒学,功利学成了世俗儒学。而民间美术的特点之一就是带有强烈的功利性。由此可见,民间美术带有浓重的儒学色彩也就不足为奇了。或者说,世俗儒学是官方理学在民间的延伸和演变,二者的最终目的是一致的。理清了这一发展脉络,就可以清楚地看到民间美术在宗法社会虽然反映了生命情感传承,但是却一直没有摆脱占统治地位的儒家论理道德观念的制约和影响。封建社会晚期的民间美术是儒学审美思想传播的重要渠道,也是民间礼教固着的工具,这是明清民间美术的基本形态。

关于杨家埠木版年画的起源至今仍没有定论,其中一种说法是由四川梓潼迁民而传过来的技术,这也是流传较广的一种说法。唐宋时期,四川雕版印刷术已得到充分发展,"祖籍四川梓潼的杨氏先民素有雕版印刷技术,定居杨家埠后,仍操祖传的技艺,世代流传,在漫长的生活过程中,顺应山东的风土人情、生活需要创造出独具特色的杨家埠木版年画"②。传统的木版年画作为人们日常生活中年节活动的必需品,它的制作、用途有着浓厚的民

① 庞朴主编:《中国儒学》第4卷,东方出版中心1997年版,第8页。
② 张殿英:《杨家埠木版年画》,人民美术出版社1990年版,第13页。

俗内涵和丰富文化意义，除此之外在封建社会历经数百年发展无也渗透进儒家的工艺审美观。山东作为儒家文化的发祥地，儒学对齐鲁文化的影响意义深远，潍坊杨家埠作为知名年画产地，儒家思想也渗入其中，以下就要分别从木版年画的用色和题材两个方面来论述其中蕴含的儒家美学思想。

图 1-6　潍坊杨家埠

一、传统木版年画用色中的儒学审美观

杨家埠木版年画主要运用黄紫、红绿、黑线白纸所形成的对比色，采用平面设色，几乎没有任何层次变化但在视觉上却形成强烈冲击力。在我国古代最早提出“色彩”概念的是儒家：“采者，青、黄、赤、白、黑也；色者，言施之于缯帛也。”（邱濬：《大学衍义补・冕服之章》）在五色中，每种颜色的特征又在五行运化关系中体现出来：木以苍为盛，火以赤为熊，土以黄为宗，金以白为贵，水以黑为玄，古人取自然之精华。以此，五色进而引申为五行相生相克、相互影响、无限循环的轮回阴阳体系，色彩感知形式也就此带有了宗教神学色彩。杨家埠木版年画对色彩的运用除了注意

一般的色彩规律外，还注重在相应的形象塑造中融入色彩的审美情感。如门神、灶王等避免粉红、草绿等轻飘的颜色，以免破坏画面和人物的严肃性；戏曲人物则偏重于戏装中常用的颜色；供人们日常观赏的题材则有不少诸如粉红、明黄、阳绿等颜色。因此杨家埠木版年画也可以呈现出不同风格，有的沉着、冷静、严肃，有的活泼、艳丽、热闹。

杨家埠木版年画独具特色的色彩特征，侧面反映了中华民族追求和谐、幸福、美满以及趋吉避祸的审美文化心理，这是中国古代儒学先贤“天人合一”思想的现实体现。

民间艺人将杨家埠木版年画的颜色分为硬色、软色、阴色和阳色。其中大红、深蓝、深绿、黑等纯度高、明度偏中低的颜色叫“硬色”，将加粉的天蓝、粉绿、粉红、明黄和浅灰等明度较高的亮堂颜色称为“软色”。通常的配色规律是软硬搭配才“好看”，如年画《文财神比干》（见图 1-7）中的色彩搭配，文神爷的大红袍与四个小人物的浅蓝小袍的色块对比，袍子颜色与领口、袖口、发冠颜色的搭配，软硬兼有，甚是鲜明。暖色调的颜色称为“阳色”，冷色调的颜色则为“阴色”。在年画印制过程中，讲求阴阳调和、软硬对比，只要软硬、阴阳搭配得好，就能使颜色的

图 1-7　杨家埠木板年画《文财神比干》

明度、纯度、对比度协调统一起来。

可见，中国传统文化“五色”相生观念对杨家埠木版年画的色彩技法有很大影响。古代社会生产力低下，审美创作水平的高低也因此而受到束缚，杨家埠木版年画创作之初，对色彩的选择也是遵循中国古代的五色体系，画面设色以黄、蓝、赤、白、黑五色为主。随着年代的发展，年画的形式、色彩愈来愈丰富，粉绿、草绿、桃红等颜色也被用于年画创作中。不可否认，古人也有着缜密、系统的审美思维。儒家思想历来强调一个“和”字为本，崇尚“天人合一”。在杨家埠木版年画的色彩体系中，可以清晰地看到“中和”的观念。“和”是解决万物复杂关系的一种有效思维方式的途径，“中和”即真、善、美感觉化一。杨家埠木版年画中的色彩以纯色色相对比为主，单看一种颜色并无美感可言，但采用深浅明暗色彩对比，色块面积的对比，美与非美即刻在瞬间产生情感影响力。虽然年画中对色彩的运用、搭配、处理似乎给人一种技术粗拙的感觉，然而这种技术带来的却是情感色彩丰富、朴实、单纯的意境。

二、传统木版年画题材中的儒学审美观

儒家文化起源于齐鲁地区，山东人是中国传统文化重要的缔造者。杨家埠木版年画秉承着两千多年的儒家文化，充分发挥了“成教化，助人伦”的作用。普及性颇广的杨家埠木版年画为了达到“教化”目的。艺人们根据传说、历史故事、戏曲、小说通过带有浓厚民间风情的木版年画，将人们心中的善恶、美丑、曲直进行了生动刻画，使人们在欣赏作品的同时有所感悟，在潜移默化中达到教化作用。

在中国古代农业社会，二十四节气是一种用来指导农事的补

充历法，是中国古代农业文明的具体展现。中国古代的劳动人民根据二十四节气创作了很多像歌谣、谚语、劳动工具、生活器具、工艺品、书画等，它们统一起来可以被视为一种节气文化。节气文化的形成可以看作是人与自然之间的一种交流，这充分体现了儒家传统文化对于"天人合一"的阐述。人们通过把节气现象艺术化来达到一种寄托希望、赋予教化的目的，正是节气题材年画出现的原因。

图 1-8　杨家埠木版年画《二月二》

表 1-1　　节气或特殊日子题材年画对应表

节气或特殊日子	年画题材
立春	《打春牛》
芒种	《春牛芒神图》
二月二	《龙抬头》
三月三	《兰亭图》

续表

端午节	《钟馗》驱鬼、《龙舟欢乐》祭屈原
六月六	《八仙庆寿》
七月七	《牛郎织女渡鹊桥》
中秋节	《大花瓶》
立冬	《九九消寒图》

表 1-2　　　　不同题材年画张贴位置

张贴位置	年画类别
院门	武门神（如神荼、郁垒、秦琼、尉迟敬德、张飞、关羽等武将）
影壁	钟馗
堂屋门上	文门神（如加官进禄、五子登科等文官）
老人屋门	寿星
新婚夫妇屋门	和合二仙、麒麟送子
儿童屋门	刘海戏金蟾、连中三元
床头	戏曲题材小画（如《封神榜》《西游记》《三国演义》《白蛇传》《杨家将》《孟姜女》等）
窗框左右	长条花瓶画
窗框上下	长条戏曲画
灶边墙壁	灶王
堂屋中心	天地全神
谷仓	仓神
马厩	牛王爷、马王爷
井圈	井神

灶神也称“灶君”“灶王”，民间多以“灶王爷”称呼，被视为掌管一家福运的家神。关于灶王的来源说法不一，在山东地区，尤其是潍坊一带，认为张万仓就是传说中的灶神。相传很久以前，有一户姓张的富庶人家，张家之子张万仓之妻丁香，美丽善良、勤俭贤惠。新婚燕尔，小两口相敬相爱，日子过得也顺心。但张万仓天生是一个浪荡子弟，吃喝嫖赌，样样不缺。他在场寮勾搭上妓女王海棠，整天眠花宿柳，夜不归家。张万仓为帮王海棠赎身，变卖家产，丁香女苦苦相劝反遭来一纸休书。张万仓前门休出丁香女，后门娶进王海棠。王海棠出身娼门，生性轻佻，好吃懒做，与张万仓沆瀣一气，张家祖业很快被二人挥霍一空。王海棠见张家已家徒四壁，不忍受穷，另谋出路去了。此时的张万仓才想起贤惠的前妻丁香，后悔莫及，整日整夜地大哭，把双眼都哭瞎了。从小不学无术的他只能流落街头，沦为乞丐。丁香被张万仓休掉后，在山另一边的村头凭借一双勤手开垦出一小片地，种粮种菜，过着清苦的日子。这年的腊月二十三，张万仓讨饭来到丁香家里，丁香一眼便认出这蓬头垢面的“叫花子”就是自己的前夫张万仓，念着旧情，给他做了一碗面条，里面放上一根自己的头发，意思是结发一场。张万仓一吃，觉得面的味道很熟悉，又吃出一根头发，意识到自己来到了前妻家里，羞愧得无地自容，放下碗筷，一头撞死在锅灶沿上。丁香看到悔过的前夫以死明志也很难过，为了祭奠他，找人画了一张他的画像贴在锅灶的墙边上，每到吃饭时也给他盛上一碗。

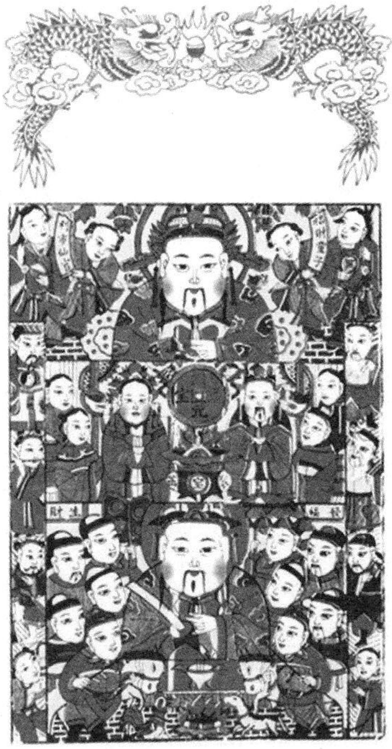

图 1-9　杨家埠木版年画《灶王》

图 1-10　杨家埠木版年画《天地全神》

为了记住丈夫死的日子，每年的腊月二十三丁香就请人画一张新的画像祭祀他。由于丁香勤劳能干，日子越过越好，村里人见一个女人家能过成这样，以为家里有什么宝贝，来丁香家串门发现她家不一样的地方就是灶头上供着一张画像。问她怎么回事，丁香随口应了一声："那是俺家的灶王爷。"人们听闻丁香家有灶王爷保佑，纷纷张贴了和丁香家一样的画像，供奉于灶边，每年的腊月二十三也换上新的。丁香死后人们知道了她的故事，就请画师把她与张万仓画在一起，作为灶王奶奶一同供奉，张万仓就成了名副其实的灶王爷。因张前后娶过两任妻子，所以在杨家埠木版年画中，有"三头灶"，灶王左右各有一位灶王奶奶。这个故事的结局还算圆满，张万仓知耻触死后成为灶神，民间传说无据可查，但杨家埠木版年画旨在训诫后人，坚守勤俭持家、传统婚姻、宽厚待人的传统美德是儒家文化道德的根本。

图 1-11　杨家埠木版年画
《大锤门神(神荼)》

图 1-12　杨家埠木版年画
《大锤门神(郁垒)》

杨家埠木版年画《二十四孝》将 24 个尽孝的典型人物采用图文结合的方式引导人们尽孝道、守家规，实现它的训教职能。对这些品格优秀的人及其行为要予以传承发扬，而那些违背纲常伦理的恶人恶行也应受到道德的谴责。这也正是儒家“孝悌”思想的完美体现。在年画《打婆婆变驴》中写道：“有个媳妇不贤良，拿着棒槌打她婆婆娘，洞宾过往看不上，叫她变驴戴套包，儿子牵母当驴耍，老少一见喜洋洋。”这幅年画用诙谐幽默的笔调描写了婆媳矛盾，从反面强调要尊老爱幼，教育世人要有正确的思想观念，妥善处理人与人之间的关系，多行善事，少做恶事。这样的年画还有很多，多来源于现实生活中的真实场景，通过对案例加以描绘达到教化人的目的。

图 1-14 杨家埠年画《二十四孝》

在中国文化体系中，伦理道德不仅是区别人与动物的基本标准，也是区别善恶的基准。在儒学的影响之下，中国文化注重道德的教化。“道之以政，齐之以刑，民免而无耻；道之以德，齐之以礼，有耻且格。”(《论语·为政》)这是对德治的概述。在德治的熏陶下，伦理道德观念影响了民众的意识形态，成为教化和引导人们日常行为的一种规范。

第三节
民间剪纸传统手工艺中呈现的儒学审美

剪纸是我国民间艺术中的一个突出类别，是绚丽多彩的文艺百花园中的一朵奇葩。它由人民大众依据历史经验、生活习俗和思维想象创造，与传统民俗文化生活有着密切联系，因此是一种富有生命力的民间艺术形式，是我国民俗文化的重要组成部分。技艺精湛、巧夺天工的剪纸艺术除蕴藏有丰富的美学意义和文化蕴涵外，亦有不少伦理价值值得关注。一方面，剪纸所包含的内容艺术地再现了两千多年来形成的以农耕文明为主的民俗生活和伦理说教，体现着人们朴素心灵的诉求和在人格方面的高度自觉；另一方面，就剪纸艺术本身而言，其材料和工具都简单易得，工艺或淳厚古拙，或纤巧华丽，在民间艺术领域独树一帜。民间剪纸艺术是以剪或刻的形式使纸呈现各种装饰花样或图案的一种民间艺术形式。它根植于乡土文化的土壤，是广大劳动人民为了自身精神需要和生活应用而创作的一种艺术样式。正如诗人艾青在其与江丰编选的《西北剪纸集》一书的序言中说的那样：

“比起中国其他的民族艺术来，剪纸要算是最健康、最淳朴的艺术了……它流露的是中国农民的善良、健康与愉快的情感。”

图 1-15　原始陶器上的剪影式纹样与剪纸艺术有异曲同工之妙

若追溯剪纸的起源，原始陶器上剪影式的纹样可算是剪纸艺术的雏形，其艺术形式和表现特点与剪纸有异曲同工之妙。由于受剪纸本身材料的局限，其诞生也势必在造纸术发明之后。农耕文明是民俗文化的活水源头，而民俗生活又是剪纸的主要舞台。剪纸的形式和题材也受多方面因素的共同影响(例如宗教、伦理、文化)而形成一定风格。剪纸装点了民俗生活，民俗生活又促进了剪纸的发展。明清两代是剪纸的大发展时期，剪纸艺术已遍布全国，其表现形式和内容已基本齐全。有不少清代剪纸的实物和文献资料流传下来，像剪纸熏样、刺绣花样的稿本，龛前挂线、礼品花、嫁妆花、走马灯等都有实物资料传世。剪纸形式繁复多样，按用途可分为窗花、刺绣花样、喜花、礼花、灯笼花、墙花、扇花、门笺、公德花纸等。按照民俗文化的类别来分，又可分为传统节令剪纸、人生礼仪剪纸、民间传说剪纸、民间戏曲剪纸、民间歌谣谚语剪纸等。全国各地因地域、风俗、文化的差异而呈现不同风格，如黄河流域的剪纸淳朴率性，长江流域的剪纸细致流畅，云贵少数民族地区的剪纸奇特神秘等。

长期居于中国古代正统地位的儒学除受到官方的推崇外，其文化触角也伸向了下层民众,像对剪纸这样的民间艺术的渗透也是潜移默化的。

图 1-16　陕西省旬邑县体育场前依剪纸大师库淑兰作品制作的雕塑

一、从儒家色彩审美观到民间剪纸的“尚红”思想

剪纸形式多种多样,其颜色亦丰富多彩。受主流剪纸影响,日常所见剪纸多为红色。陕北剪纸是珍贵的地方文化遗产,也是最具边塞文化特色的民间艺术奇葩。它以鲜艳夺目的大红色为主色调刻画出了丰富多彩的剪纸题材,展现了陕北剪纸的粗犷、大气之美。可以说陕北的红色剪纸点缀了黄土高原人们的生活。山东高密范祚信的剪纸是山东地区民间剪纸的一个重要代表。其作品色彩也多为红色,取材广泛,技法融江南剪纸之纤巧和江北剪纸之粗犷于一炉,具有中国画中“大写意”的韵味,所剪事物拙朴中藏精巧,玲珑剔透,纯朴可爱。红色作为剪纸艺术的主流色彩的形成,其原因在于我国“尚红”思想对其的深刻影响。中华民族是尚红的民族,对于红色的喜爱从远古时期一直延续到现代,

从未间断。在儒家思想为主流思想的中国古代封建社会，红色被统治阶级运用以实现“礼”制，红色被用于巍峨的宫廷建筑之上，被用于显示尊贵的服饰之上。在传统文化中，中国红意味着吉祥、平安、喜庆、福禄、康寿、忠诚、兴旺，意味着百事顺遂、祛病除灾、逢凶化吉、弃恶扬善，决定了中国民间“尚红”的色彩审美观，形成了独特的民族色彩文化。可以说，中国有着丰富多彩的民间工艺和美术作品，但是“尚红”美术作品中最具有代表性的当属剪纸。

我国古代重要典籍之一《周易》中记载了不少关于红色的内容。所谓“八卦”即乾、坤、震、离、翼、兑、坎、艮，分别代表天、地、雷、火、风、泽、山、水，包罗了和人类发生关系的各个基本的自然现象。其中“离”“火”所代表的季节为夏天，代表的方位是南方，其代表神物是朱雀，朱雀所对应的颜色就是红色。五色观产生自中国古代哲学中的五行观。何谓“五色”？五色，谓青、赤、黄、白、黑。而“中国红”就是“赤”的延伸。五色观逐渐与阴阳五行、季节、方位、五脏、五位、五气结合并发展起来。五色是五行的象征，是天地四时万物本身色彩的一种高度概括和描写。例如赤，《说文解字》中说：“赤，南方色，从大火。”朱雀驻守南方，且被认为是火的颜色。《说文解字》中说：“絑，纯赤也”，“朱”“絑”是古今字。《礼记·檀弓上》中说：“周人尚赤，大事敛用日出。”《论语·雍也》：“子谓仲弓曰：‘犁牛之子骍且角，虽欲勿用，山川其舍诸。’”骍，意思是赤色，也指红色的马或牛。《礼记·月令·孟春三月》记载：孟夏之月，天子“乘朱路，驾赤骝，载赤旗，衣朱衣，服赤玉”。从以上儒家经典中对于红色的论述可以看出，红色在儒家思想中地位之重是由来已久的。中国人对“中国红”色彩的认知已经不仅仅是一种视觉的、感性的知觉形式，而是上升为一种观念性的阐释和象征性的比附。

在我国封建社会的服装定义中，红色是官服之色，也是统治者批阅奏折所用的朱笔之色。孔子对于红色也青睐有加，他曾说过："恶紫之夺朱也。"(《论语·阳货》)《隋书·礼仪志》载"六品以下用络"，《旧唐书·舆服志》载"五品以上绯色"。汉代，汉高祖自称"赤帝天子"，并十分喜爱穿着红色的衣物；到清代，朝廷规定官居一品者，用红宝石作为所戴帽子的顶珠，二品官员使用红珊瑚，三品为和田玉等等，这样，人们通过观察对方帽子顶珠的颜色与材料就可以了解对方的官职和品级。建筑色彩和服饰色彩一样，体现了严格的等级制度。早在《春秋穀梁传》卷三中就有记载："庄公二十三年秋，丹恒宫楹。礼，楹，天子丹，诸侯黝，大夫苍，士黄圭。"自唐代开始，黄色成为皇室专用的色彩。其下依次为赤(红)、绿、青、蓝、黑、灰。皇宫寺院用黄、红色调，绿、青、蓝等为王府之色，民舍只能用黑、灰、白等色。

以孔孟为代表的儒家思想，崇尚"礼乐"和"仁义"，提倡"忠恕"和"不偏不倚"的中庸之道，并把五色与"仁""德""善"结合，运用于"礼"的色彩形式中。儒家赋予色彩以社会伦理道德的意义，把五色定为正色，予其尊卑、贵贱、等级的象征。孔子认为"白当正白，黑当正黑"(《说苑·反质》)，以"礼"的形式保持单色的纯正性。又如《后汉书·舆服志》所载："尊尊贵贵，不得相逾。"

儒家美学思想的另一主要特色是"比德"思想。"比德"，乃以自然事物比拟人的道德，是自然特性的人格化、道德化。它认为色彩是一个人修养善行的彰显，色彩的装饰必须暗示人的美德，使用正色做装饰则是德行美好的展现。儒家的"比德"思想直接影响到"中国红"在我国的色彩观念。例如：红色象征喜庆、吉祥、庄严、正义、忠诚；人逢喜事用红色；朝廷官员住朱门，坐朱轩，穿朱衣;古代称美丽女子为“红颜”,等等。这都是受“比德”思想的影响,使红色在中国人心目中具有特殊的情感和美的象征意义。从儒家的色彩观念看来,色彩之所以美,是因为色彩的装饰暗示了人的美德。

随着封建社会的没落,统治者地位的衰微,红色不再是统治者的专属用色,红色开始在民间流行起来。古代早期的剪纸大多以金银箔、树皮、树叶、布、皮革等片状材料为载体,色彩更是多样。随着尚红思想逐渐民间化,红色成为民间最为常用的剪纸色彩。红色剪纸更是成为一种民间表达喜庆、吉祥的一种独特的艺术形式。尚红可以说是我国的一种传统。红色不仅表现人的身份地位,用在喜庆的场合,还是纳福迎祥、辟邪驱鬼的色彩,不仅表现为我国人民对于红红火火、兴旺发达幸福生活的向往,也是正义、勇敢、成功的象征,蕴含着丰富的文化内涵和美学意蕴。

二、民间剪纸创作题材中的吉祥寓意

儒家文化是我国传统文化的主流,儒家文化之所以成为主流文化,根本原因之一在于儒家文化向民间、民族文化的不断渗透、融合。“民俗是一个国家或民族中广大民众所创造和享用传承的生活文化。”[①]儒家文化是我国民俗文化形成的基本元素之一,而民俗文化的存在也是儒家文化得以延续的有效方式之一。

传统的中国民间审美意识与整个民间社会背景、文化观念长期保持了一种交融渗透、不可分割的关系,归根结底在于对“善”的追求。善的转换隐申含义又有吉祥、幸福、美满,善还承载了社会伦理道德的意义,特别在孔子的学说中,善是基础,美与善又是

① 钟敬文:《民俗学概论》,上海文艺出版社1998年版,第71页。

高度统一的，并对人、事及后代有着重要的影响。中国传统的审美意识强调对生命价值的关注，强调合乎意的幸福感受，强调合乎生命功利目的的善的内容。中国剪纸遵循儒家思想这一原则，在制定美与丑的审美标准时，非常重视物品的人伦性和社会意义，这种审美标准反映了中国传统文化对人伦道德的推崇，并在题材的选择和对情感的表达方面予以表现。剪纸主要表现人们对理想和愿望的追求，以及祥瑞题材的表现，大部分内容都是求生、富贵、吉祥、辟邪等，是人生的现实寄托，用一种寓意性的物来表现这种理想。这种寓意、象征、符号性的表现手法是中国民间文化特有的产物。

（一）剪纸中的吉祥观念表达

剪纸的题材非常广泛，自然景物、生活器具、民俗风情、神话传说和历史故事等都是剪纸艺术的表现题材，可以说是包罗万象。在民间剪纸中，无论什么样的题材形式，其表现内容都与吉祥寓意密切相关。吉祥是一种美好心愿，是人们对幸福生活向往的一种情感的心理体验。在先秦时期就有“吉事有祥”（《易·系辞下》）的说法，即吉利之事必有祥兆。《疏》曰：“吉者，福善之事；祥者，嘉庆之兆。”“吉祥”一词渐渐成为福禄寿喜、诸事顺遂的祝吉之语。在中国人的传统观念中，祈福纳祥、希冀平安是每一个人共有的愿望，并且非

图 1-17　剪纸作品《喜上眉梢》

常强烈地表现于自己的生活当中。一方面，无论做事、劳务、应酬、家居、旅行，还是生老病死、喜庆寿礼都要图个吉利；另一方面，由于汉字和汉语的读音、结构关系，出现了谐音的现象，因此也出现了所谓的“吉语”，并约定俗成固定下来。俗话说：“出口要吉利，才得人欢喜。”这些吉语与有关形象组合把具有象征意义的感性形象通过视觉艺术形式表现出来，便成为了吉祥图案，包含形象和寓意两个层面。民间剪纸作为民间艺术中最广泛的艺术形式之一，从表现内容看有相当一部分属于吉祥图案。其造型题材、图形纹样以及色彩也都与人们的吉祥观念相联系；通过托物寄意、以物寄情的表现方法寄托了民众现实生活中的一切理想和愿望。

（二）吉祥观念中的生命意识

生命和理想是民间剪纸艺术中的一个主题，有了生命生活才能延续，人类的发展需要理想，不管生产力水平如何贫困，人们从未放弃过对多子、多寿、多福、多禄、多喜的追求。剪纸中各类题材的采用、确定是经过长期而复杂的过程形成的，因此也受地域、文化、气候、历史等诸多方面影响，不能说完全受某一方面因素控制，但可以确定的是某一方面的因素必定会对剪纸艺术的结果有所作用。因此，儒家文化对剪纸艺术的影响也只是其中的一个因素，不能一概而论，下面仅以儒家文化中的生命哲学对剪纸的影响予以分析。

图 1-18　剪纸作品《金鱼》

中国古代社会存在的生殖文化崇拜是中国古代各思想流派形成的源头，儒家文化也不例外。虽然儒家文化为顺应历史潮流不断地吸收、改造，形成一种庞大的哲学思想体系，但也不能就此否认儒家文化和生殖文化的关系。“而儒家文化的生殖思想也不是圣人们空来的灵感，一蹴而就，也是长期观察自然界、体察社会的结果。”[①]生命的诞生从两性结合开始，而两性结合必须以婚嫁为前提。婚嫁可以说是人生礼仪中最为重要的事情，“《周礼》中从《六礼》开篇到《婚龄》为止的二十三章，详尽记载和评述了婚姻过程和与此有关的各种礼仪事象”[②]。如《礼记·昏义》记载：“昏礼者，将合二姓之好，上以事宗庙而下以继后世也，故君子重之。……昏礼者，礼之本也。”“令男三十而娶，女二十而嫁”都是《周礼》中对婚嫁事宜的记述。儒家认为男女与天地一样，是世间两对伟大的配偶，前者繁衍人类，后者衍生万物。《易·系辞下》中对天地、男女关系的描述融入了强烈的感情色彩，“天地氤氲，万物化醇；男女构精，万物化生”，将男女关系与天地关系相类比，视二者同为繁衍世代的承担者，可见儒家文化对此方面的认同和重视。

剪纸图案中有关生命意识的主要有“鱼儿戏莲”“鹭鸶穿莲”“狮子滚绣球”等。新婚洞房中，窗面、墙面、柜面和室内顶棚等都贴满了这样的剪纸图案。《鱼儿戏莲》中鱼、莲紧密相连，水乳交融，很显然鱼指的是男性，而莲则指女性。儒家经典《左传·哀公十七年》中即有以鱼代男的暗语，“卫侯贞卜，其繇曰：如鱼赪尾，衡流而方羊”。自然中的鱼、莲也是形影不离，而艺术表现中的这

① 李辛儒：《儒家文化与民俗美术》，中央民族学院出版社 1992 年版，第 54 页。

② 潘鲁生：《中国民俗剪纸图集》，北京工艺美术出版社 1999 年版，第 5 页。

一情景则是男女交合之意。儒家文化对男女匹配的肯定是从哲学上肯定了繁衍的前提。在民间历来以多子为福,谨遵“不孝有三,无后为大”的训诫,可见繁衍后代在儒家思想体系中所占的地位之重,儒家经典也不惜笔墨伸张繁衍之道。

图 1-19　剪纸作品《鱼儿戏莲》

儒家文化对民间剪纸题材的影响有的更为直接,甚至将儒学经典用语稍加变动和修饰后直接作为剪纸命题。如“宜其室家”是出自《诗经・周南・桃夭》,该诗中的前两句是“桃之夭夭,灼灼其华”,描绘的是一位出嫁的美艳女子,而嫁入的女子必定会使新的家庭和顺又美满。还有中国传统吉祥图案“麒麟送子”,这一主题常出现在刺绣、年画、剪纸和瓷器等民间艺术作品上。《礼记・礼运》记载:“麟、凤、龟、龙谓之四灵。”东晋王嘉在《拾遗记》中也写到:“夫子未生时,有麟吐玉书于阙里人

图 1-20　剪纸作品《麒麟送子》

家。"《圣迹图》中也有相似的描述:"孔子生,见麟吐玉书。"将这样的经典故事直接用于艺术创作当中,也成了日后的经典题材。

儒家文化之所以能绵延千年影响至今,除去历代统治者推崇的因素外,向民间民俗的渗透也使其获得了广阔的生存空间和顽强生命力。儒家文化重婚礼,随之而来的是各种生殖、生命教化礼俗制度的推行。结婚、生子也是儒家所推崇的德行之一,因此相应的仪式也必定随之建立起来。"礼仪制度的发达无疑意味着剪纸等民俗工艺的需求,也刺激着民俗工艺的生产与发展,更给予了民俗工艺的无限灵感,儒家文化便在一种无声的强化过程中融进民俗生活。"[①]

第四节 儒家思想影响下的徽州传统木雕之故事题材创作

说到传统木雕,就不得不提徽州的木雕。徽州木雕是著名的"徽州三雕"之一,历史相当悠久,产生及流行的时期是元末明初到清末民初。徽州木雕扎根于异常丰富的传统文化土壤之中,是儒学思想的结晶,加之其制作工艺精良,因而形成了独具特色的艺术风格。2006年,由徽州木雕与石雕、砖雕组成的"徽州三雕"被列入第一批国家级非物质文化遗产名录。

徽州木雕的历史源远流长。明代初年,徽派木雕得到长足发

① 李倩:《从陕西关中婚育剪纸民俗透视儒家文化》,《渭南师范学院学报》2006年第3期。

展并初步形成规模。那时的徽派木雕风格拙朴粗犷，手法以平面浅浮雕为主，借助于线条造型，强调对称，较有装饰趣味。明中叶以后，木雕的艺术手法逐渐向精雕细刻过渡，多层透雕取代平面浅雕成为主流。到了清代，随着雕刻艺术及雕刻手法的发展，徽州雕刻也日益向细腻繁复的方向发展，在构图、布局上注重吸收新安画派的表现手法，讲究艺术美，多用深浮雕和圆雕，提倡镂空效果，有的镂空层次多达十余层，亭台楼榭、树木山水、人物走兽、花鸟虫鱼集于同一画面，玲珑剔透、错落有致、层次分明、栩栩如生。

徽州木雕之所以如此兴盛有着得天独厚的地理和人文条件。首先，徽州位于皖南山区，树木茂盛，当地民居就地取材，建筑均以木结构为主，这一点决定了木雕的绝对优势。其次，徽州人历来重视读书教育、科举考试，因此当地人文化素养很高。明清时期的徽州在文化和艺术的很多方面都处于领先地位，比如徽派版画、新安画派、徽剧等，均对徽州木雕工艺的发展产生过深刻的影响。再次，当地徽商富甲一方，有心大兴土木修建宅邸，但碍于明清时期严格的封建等级制度，所建房屋必须遵循庶民百姓的规格，因此徽州民居外观看似简单质朴，内部却极尽精美之能事。而当地人在建宅时的争奇斗富往往体现在于雕刻水平是否精湛，题材是否另辟蹊径，这样就促使木雕刻艺术日臻完善和成熟。

徽州木雕的兴盛发展与当地人的崇儒文化心理有极大关系，无论其文化背景、内容题材还是表现形式都离不开儒学的影响，“雕不离儒，儒不离雕，雕儒合一”，可谓入木三分。

一、植根于儒家文化的徽州木雕

徽州木雕历来有“文人木雕”的雅称，诞生于徽州地区也并非偶然，这与当地特殊的文化氛围密切相关。总的来说，徽州木雕是徽商崇儒文化的产物，也是一种独特的文化现象。

徽州木雕的迅速发展和徽商的鼎力支持是密不可分的，这个带有文化特性的商人群体也是徽州文化的重要创造者。他们为徽州文化的繁荣发展创造了坚实的物质基础，因此徽州木雕也是徽州经济的产物，其崛起与发展也是以徽商雄厚的财力为基础的。明清时期，徽商迅速崛起，成为全国商帮中的重要一支。与其他商帮有所不同，徽商有着极其深厚的文化情结，对宗族子弟的文化教育格外重视。由于长期受封建礼教和理学教育的熏陶，儒商的宗族观念非常强烈，即便是财力倾国之后，仍恪守儒家文化传统。对这种观念最实际的物质表达就是建祠造宅。徽商是儒家文化坚定的传播者，他们通过修祠堂、建家宅并附以特殊的木雕装饰的方式来传播儒家的“仁爱”思想以及“三纲五常”的儒家伦理道德。新家宅、新祠堂讲究栋宇鳞次、高大明亮、豪华舒适，对建筑内部的装饰细节亦是精益求精，越是在那种细小的装饰上，越是容易传达和表现他们所推崇的儒家文化。另外，徽商以其强大的经济实力网罗了一大批能工巧匠，而工匠也能尽情发挥他们的艺术才华。这些都是徽州木雕产生的必不可少的客观条件。

对徽州文化产生影响的另外一个重要因素是朱熹。徽州是朱熹的故乡，出于对家乡的热爱，朱熹多次回乡讲学授道。在一定程度上说，“徽州文化是以朱熹及其开创的新安理学为理性内核构筑而成的”[①]。数次最直观的乡里讲学，也使得徽州成为受朱熹理学影响最深的地区。

---

① 李群:《浅析徽州木雕中的儒学文化韵味》,《中国艺术》2011 年第 3 期。

图 1-21　朱熹像

朱熹(1130～1200 年)以孔孟之道为本,全面继承了传统的儒家学说,将儒、释、道三种思想体系糅合在一起并继承发展了韩愈的道统论以及程颢、程颐的理学,形成“程朱理学”。朱熹的理学思想影响之大以至成为封建社会的统治思想,波及范围广,影响程度深。朱熹的理学为徽州文化的发展提供了思想上的基础和指引,成为徽州人强大的精神支柱以及精神纽带。与传统儒学一脉相承,徽州人非常重视对宗族子弟的教育。儒学思想也深深地融入徽州人的日常生活中。徽州地区家族治家从严、家规严谨,以《朱子家礼》作为宗族礼仪的规范以指导和约束族人的日常行为,潜移默化中使得徽州人的伦理意识不断加深。对儒学价值观表现优异者予以表彰奖励;反之,则予以严惩。朱熹格外重视儒家的“民本”思想,这在古代有很大的进步意义。注重农业的同时也肯定商业,因此徽州人可以名正言顺地外出从商。由此结果便是徽商也全力支持徽州的文化教育,对教育事业出资出力,在遍布各地的徽商会馆中,朱子的牌位必奉其上。从朱子理学诞生到封建社会末期六百余年间,朱子理学对徽州社会文化的发展影响之大并最终成为徽州文化的核心内容。

二、儒家文化对徽雕题材内容的影响

徽州木雕的题材广泛,有人物、山水、花草、飞禽、走兽、八宝博古、吉祥图案等，有写实，有写意，有抽象，有具象，表现形式多样。徽州木雕的表现题材大概可以分为以下几类：(1)以人物为主要素材，表现名人轶事、文学故事、戏曲唱本等，如“文王访贤”“竹林七贤”“香山九老”“状元及第”等；民间传说题材的有“八仙过海”“和合二仙”“天官赐福”“封神榜”“刘海戏金蟾”等；还有体现传统美德题材的“忠、孝、节、义”故事，如“岳母刺字”“杨家将”“戚家兵”和“苏武牧羊”等。(2)表现劳动人民生产生活场景的，如砍柴、耕田、放牧、纺织、捕鱼、撑船、舞龙舞狮、跑驴、花船等。(3)以山水为素材的，主要以徽州地区名胜为主，如黄山、白岳、新安江及徽州各县具有代表性的风光，雕刻内容有“黄山松涛”“白岳飞云”“寿山旭日”“石洞流霞”“大屏积雪”等各地美丽景致。(4)以动物、植物、几何图形和诗文为内容的吉祥主题，如龙、凤、虎、狮、麒麟、喜(喜鹊)、禄(鹿)、封(蜂)、侯(猴)，“鹿鹤同春”“三羊开泰”“五蝠捧寿”，还有石榴、莲花、牡丹、桃子等。

图 1-22　徽州木雕《三狮滚绣球》

图 1-23　徽州木雕局部

植根于儒家文化的徽州木雕题材有相当一部分内容是弘扬儒家的忠、孝、节、义，智、勇、廉、耻的题材，这类题材主要以人物雕为主，常出现的内容有教道、忍让、中庸、崇礼、恩荣、忠义、冠礼、读书、及第等，这些题材有的取自于儒教经典，有的取自于戏曲传说故事，有的取自于历代诗词，有的取自于历史典故，不仅具有较高的艺术品位，更彰显深厚的文化底蕴。以下是对徽雕题材中有关儒学内容的梳理分析。

（一）孝道

儒家对伦理道德的重视程度明显高于其他学派。仁、义、礼、智、信被儒家称为“五常”，认为这是人所必须具备的五种基本道德规范。另外，忠、廉、耻、勇、诚、敬等道德范畴也是儒家极其重视的。“百善孝为先。”“孝”在儒家道德范畴中具有崇高地位，也正是儒学将“孝”推上首善之区。在儒家各种典籍中不乏对“孝”的记载与阐述，且孔子、孟子、荀子对“孝”的观念一脉相承，随时代前进又有新的见解补充。儒家推崇“仁学”思想，“孝”是“仁”的重要内容之一。孔子的学生有若说：“孝悌也者，其为仁之本与！”（《论语・学而》）由此可见，孝敬长辈是施行仁德的根本。孟子不但继承发展了孔子的“仁”学，还把孔子的“仁”发展为“王道”的政治学说。因此在孟子的“仁”学体系中也十分重视“孝”的价值和意义。在他看来，“孝”可以教化人，使人孝敬父母，敬爱兄长，这也与孟子的“性善说”相一致。孟子尝说：“谨庠序之教，申之以孝悌之义，颁白者不负戴于道路矣。七十者衣帛食肉，黎民不饥不寒，然而不王者，未之有也。”（《孟子・梁惠王上》）孝顺父母、赡养长辈是“孝”的重要内容。舜是三皇五帝时期的一位孝子，孟子在评论其对父亲的孝顺时说：“孝子之至，莫大乎尊亲；尊亲之至，莫大乎以天下养。为天子父，尊之至也；以天下养，养之至也。”（《孟子·万章上》)到荀子这里,对"孝"的释义又有了新的发展。荀子治国的理想状态是"国富民强,国泰民安",而实现这个理想目标的重要举措之一就是"兴孝悌"。由此看来,荀子的"孝悌"观念不免带有"礼"的成分。荀子说:"礼也者,贵者敬焉,老者孝焉,长者弟焉,幼者慈焉,贱者惠焉。"(《荀子·大略》)与"二圣"一样,荀子重视父母之孝道,但对"孝"的方式的实现荀子作出了比前者更详细的阐释。荀子引子路与孔子的对话:

> 子路问于孔子曰:"有人于此,夙兴夜寐,耕耘树艺,手足胼胝以养其亲,然而无孝之名,何也?"
>
> 孔子曰:"意者身不敬与?辞不逊与?色不顺与?古之人有言曰:'衣与,缪与,不女聊。'今夙兴夜寐,耕耘树艺,手足胼胝以养其亲,无此三者,则何以为而无孝之名也?"(《荀子·子道》)

《礼记》把"孝"提高到"放之四海皆准",具有普遍意义的位置上,大大提高了"孝"的社会价值和功能。曾子说:"夫孝,置之而塞乎天地,溥之而横乎四海,施诸后世而无朝夕,推而放诸东海而准,推而放诸西海而准,推而放诸南海而准,推而放诸北海而准。《诗》云:'自西自东自南自北,无思不服。'此之谓也。"(《礼记·祭义》)从这段话可以看出,曾子把"孝"描述成充满宇宙的、没有时间限制的普遍的道德观念。与之前对"孝"的肯定不同,《礼记》中还列举了五种不孝之举:"居处不庄,非孝也;事君不忠,非孝也;莅官不敬,非孝也;朋友不笃,非孝也;战陈无勇,非孝也。"这里把"孝"与事君、做官、交友、征战等行为结合起来,拓展了"孝"的内涵和外延。继而曾子认为,"孝悌"可以纳入治理国家的措施中,将"孝"的使用明确地回归到礼制上,完成了由"仁"服务于"礼"的合理转化。这在《礼记》中也有明确体现:"贵有德,贵贵,贵老,敬长，慈幼。此五者，先王之所以定天下也。贵有德，何为也？为其近于道也。贵贵，为其近于君也。贵老，为其近于亲也。敬长，为其近于兄也。慈幼，为其近于子也。是故至孝近乎王，至弟近乎霸。至孝近乎王，虽天子，必有父；至弟近乎霸，虽诸侯，必有兄。先王之教，因而弗改，所以领天下国家也。”（《礼记·祭义》）

图 1-24　徽州木雕《二十四孝之孝感动天》

《孝经》是一部先秦时期对孝道文化总结和升华的儒家经典。《孝经》最显著的一个特点就是明确提出了“以孝治天下”。“夫孝，天之经也，地之义也”，“夫孝，德之本也，教之所由生也”，都是《孝经》提出的经典孝道理论。整体来说，儒家孝道以家庭中的父子关系为中心，全面提出了子女对父母尽孝的原则理论，适应了宗法社会的需要。从汉代起，统治者就提倡“以孝治天下”，用父权来衬托君权的至高无上。在中国封建小农经济社会里，孝悌观念被社会各阶层所认可并严格恪守。因此，在徽州木雕中出现了大量以“孝”为题材的作品，其中以《二十四孝》的表现尤为突出。

（二）忠义

《忠经·保孝行》称“孝者必贵于忠”，又说“故君子行其孝必先以忠”，尽忠报国，尽孝奉亲，两者是一致的。“义”是儒家所认定的理想品格和重要品质，是人生所追求的尽善尽美的精神境界。儒家提倡“见利思义”，董仲舒更是明确指出：“义之法在正我，不在正人。我不自正，虽能正人，弗予为义。人不被其爱，虽厚自爱，不予为仁……夫我无之求诸人，我有之而诽诸人，人之所不能受也。其理逆矣，何可谓义？义者，谓宜在我者。宜在我者，而后可以称义。故言义者，合我与宜，以为一言。以此操之，义之为言我也。故曰有为而得义者，谓之自得；有为而失义者，谓之自失。”(《春秋繁露·仁义法》)董仲舒这里讲“义”字，贯穿的中心主题是不以言举人，要听其言，察其行，言正，行也正。行正，对己要正，对人也要正，唯其如此才能予以“义”字。

图 1-25　徽州木雕“岳母刺字”

徽州木雕表现忠、义这一伦理范畴的题材不在少数，如《穆桂英大破天门阵》《苏武牧羊》《一诺千金》《岳母刺字》《唐氏乳姑》等。忠、孝、义、节作为中国人千百年来追求和向往的理想品质，在中下层社会以民间艺术的方式得到了最广泛、最持久的传播。

(三)读书及第

孔子开中国创办私学之先河,对读书自然十分重视。《论语》中更有不少关于读书的内容。开篇《为学》中的"学而时习之,不亦说乎"相信识字的人都有所耳闻。深受儒学浸染的徽州人自然重视教育,他们深刻地认识到人自身素质的提高才能更好地促进社会发展。即使家境再贫也将读书置于首位。徽州地区有这样一句民谣:"儿子不读书,养了一窝猪。"由此可见徽州人对人才培养的重视。官府建学始于唐,当时有歙州州学、祁门县学,还有大量民间私学同时涌现,办学形式有村塾、学馆、家塾、义墅等。进入宋元,徽州地区文风更加昌盛,中进士、举人者众多,因而获得"东南邹鲁"之美誉。明清时期,徽商称霸中国商界,同时"贾而好儒","亦商亦儒",对家乡的文化教育事业施以千金相助,进一步繁荣了徽州的教育事业。据《徽州府志》统计,当时徽州有县塾 5 所、社学 562 所,私学更是数不胜数。朱熹回乡讲学对徽州人读书做官的推动无疑是巨大的。因此徽州人才辈出,仅清代就考取进士 516 人,状元达 18 人,居全国第二,仅次于江苏苏州。

图 1-26　徽州木雕《状元及第》

因而，在徽州木雕中表现徽州人日常生活甚至是人生中的读书之事便顺理成章。徽州人勤读书、好读书，尽管在科举制度之下的中举者寥寥，但依旧皓首穷经，所以徽州木雕中有不少反映古人勤苦读书的画面，如“买臣负薪”。《汉书·朱买臣传》记：“家贫，好读书，不治产业，常艾薪樵，卖以给食，担束薪，行且诵书。”五十岁拜为会稽太守。同题材的还有“车胤囊萤”，当然更多的是表现高中后的喜悦以及对这些状元、进士的刻画，如“五子夺魁”“十八学士”“三进士”“状元及第”等。有意思的是，“状元及第”往往与“告老还乡”组成对组刻画，古人并不因失权而失落，反而认为这是一种最圆满的结局。壮年为国效力，暮年聚拢族心，以一颗博大、平和之心对待人生，此乃徽州封建文人的人生观。

图 1-27　徽州木雕《五子夺魁》

（四）累世同居

徽雕中有不少表现大家族和睦的“累世同居”的画面。画中人物众多，老少皆有，一片繁荣祥和之景，画中心的横匾通常写“五代同堂”“九世同居”。“九”是中国古代表示多的吉祥数字，也就是希望是世代代都能居住在同一屋檐下。我国历来也有“四世同堂”“九世同居”“十三世同居”的说法，徽州人以数代同居为荣耀，以家族和睦为时尚。

图 1-28　徽州木雕《九世同居》

所谓“累世同居”就是以血缘为纽带，同姓族人同居一檐下，这是宗法社会的基本结构。现在来看徽州地区很多村落依然是同姓大族聚居，这样做的一大好处就是可以受到宗族势力的庇护。[①]

中国古代社会是人伦社会，封建社会被称为“家天下”，这种社会的基本特征是家国一体。我们知道，最早的社会结构是以亲属关系为中心建立起来的。尽管在秦朝就取消了宗法制，但宗法制的社会基础和观念仍根深蒂固，并一直延续到近代。所以“家”在封建社会中占有十分重要的地位，它既是家族政治、经济、文化等众多社会功能庞大的氏族集合体，也是一个涵盖家、国基本道德关系的伦理实体，在这个国家的细胞中，家族大家长占有绝对的主导权和话语权。家族是组成国家的基本组织单位，家国同源，家国同流，家族的兴旺衰败在一定程度上也如实地反映国家发展势况。“基于这样的认识，再来看徽州木雕中的九世同居一类作品，就知道它不止是一种古代生活方式的再现，而应该看做

① 《新安旧志》记载：“千年之家不动一坯，千丁之族未尝散处，千载之谱丝毫不紊，主仆之严数十世不改。”

是一种深层社会结构的展示。”[1]

（五）崇王

徽州木雕题材中有很多表现圣明帝王的作品，以三皇五帝和先秦时期的帝王居多，舜就是其中一位。《三字经》记载：“唐有虞，号二帝。相揖逊，称盛事。”尧是古代唐国的君主，也称“唐尧”“陶唐氏”。尧在位时期天下太平，受百姓爱戴，他最让人称道的是传位传贤不传子，开创了帝王禅让之先河。尧知道自己的儿子丹朱凶顽不可用，于是晚年四处寻找接班人。有人向他推荐舜，说舜这个人非常孝顺，即使其父、继母、弟弟想加害于他，他依然极力服侍。舜耕于历山，打鱼于雷泽，制陶于河滨，在寿丘做日用品，是一个既能干又有才华的人。尧对其考察一番后，将自己的两个女儿娥皇和女英嫁给了他，并传帝位于他。在《论语》中可见孔子对尧的极力推崇：“大哉！尧之为君也！巍巍乎！惟天为下，惟尧则之。”（《论语·泰伯》）同时对舜也给予了极高评价：“舜其至孝矣，五十而慕。”（《论语·泰伯》）孟子对舜也大加赞赏：“大孝，终身慕父母，五十而慕者，予于大舜见之矣。”（《孟子·告子下》）孔孟二人是说舜五十岁摄政之时依然挂念父母，说明他是终生孝敬父母的孝子。后人编的《二十四孝》尽管版本有所不同，但都将舜列为首孝。儒家常将“尧舜”并称，可见二帝对中国人的影响之大。

孔子从周，一生都在为恢复周礼而奔走。周文王是周朝典型的贤明君主，他创周礼，勤治政，施仁德，拓疆域，贤者弼，是儒家所推崇的“内圣外王”的典型。因此周文王的故事也是徽州木雕热衷表现的题材，主要有“周文王拉辇”“文王访贤”等。文王出狱

[1] 郭肖蕾：《儒家思想和徽州人物木雕》，东南大学硕士学位论文，2004年。

图 1-29　徽州木雕《文王访贤》

后决心灭商，在渭河边遇年已垂老、怀才不遇的姜子牙。文王与之交谈甚欢，也了解了姜子牙的才干，便拜其为师，与之同车而归，共商讨商计策。徽雕“渭水垂钓”表现的正是这一故事。

此外，在徽州木雕中还有对汉高祖刘邦、唐太祖李渊、宋太祖赵匡胤等开国皇帝的歌颂。

（六）忍让、中庸

“忍”也是徽州木雕常出现的表现题材，其具体刻画为一群人围着观赏一幅展开的字画，上书“忍”字，也有在画面上书写“百忍图”字样。据说此类题材出自唐代的张公艺。相传唐人张公艺九世同堂，家庭和睦，唐高宗闻知此事召见张公向其询问家族和睦之道，于是张在一纸上书写了一百个“忍”字，高宗以为有道理，这就是“公艺百忍”的典故。

图 1-30　徽州木雕《百忍图》

在个人利益与他人利益、社会利益发生冲突时，儒家提倡以忍耐、平和之心对待，采取恭敬、谦忍的态度，以"群体利益至上"为原则协调处理人际关系。这种行为模式实际上就是儒家所提倡的"忠恕"。孔子确曾教诲弟子忠恕之道，《论语·里仁》中曾子说："夫子之道，忠恕而已矣。"对"忠恕"的看法，朱熹也曾点拨一二："尽己之谓忠，推己之谓恕。"（《论语集注》卷二）朱子告诫我们，在处理人际关系时，对别人应做到尽心尽力，尽己之所能。同时，也要设身处地地为他人着想，不苛求他人。孔子说："夫仁者，己欲立而立人，己达人而达人。"（《论语·雍也》）有博爱之心的人，即使是自己一直渴求的东西也会愿意让别人得到。因此，"所恶于上，毋以使下。所恶于下，毋以事上。所恶于前，毋以先后。所恶于后，毋以从前。所恶于右，毋以交于左。所恶于左，毋以交于后。此之谓挈矩之道"（《礼记·大学》）。简言之，当你的行为可能给他人带来不利影响时必须考虑这样的后果能否为他人所接受，这样，对个体自律，在处理人际关系时要忍让，自然人和关系睦，家和万事兴。反之，"四马不和，取道不长；父子不和，其世破亡；兄弟不和，不能久同；夫妻不和，家室大凶”（《说苑·敬慎》）。其实，儒家宣扬这种“和”“忍”的价值取向是为了建立和维护宗法等级君臣有义、父子有亲、夫妻有别、长幼有序、朋友有信的和睦社会秩序。但不可否认，这也培养了中国人宽厚兼容的博大胸怀和厚德载物的高尚品格，对于国家安定、社会和谐有更多的积极意义。

图 1-31　徽州木雕《郭子仪拜寿》

（七）恩荣

徽州木雕不仅有对帝王歌功颂德的内容，还有对忠良将相的称誉。作为封建伦理道德的完美体现者，统治者将他们的言行、善举流传于世其实也是一种教化。这类题材在民间影响较大的要数唐臣郭子仪了。“郭子仪上寿”是徽雕中大量出现的题材，在民居建筑中的大梁、额枋、窗栏或床额上都可以见到这类画面。

郭子仪是唐朝大将，在“安史之乱”时立下汗马功劳，可以说对大唐江山有再造之功。也曾因位高权重，他遭朝廷猜忌，两次被夺取兵权，他都忍辱负重，毫无怨言。或许正因为如此，郭得长寿，享年八十有五，官高位显，子孙满堂，富贵、长寿集于一身，因此在民间传说中他已成为一个传奇人物，被称颂为“大富贵亦寿考”，上至王孙贵族，下至黎民百姓，都将他作为人生最高榜样。

“郭子仪拜寿”这一题材在徽雕中有不同的表现形式和内容组画。有的在画面正中横匾上题“万寿亭”，有的题“汾阳王”，还有的题“九锡宫”“长乐宫”等。

郭子仪的题材之所以在徽州木雕中备受青睐，是因为他身上寄托着儒家学说中“治国平天下”的政治理想。在木雕中反复塑造的郭氏形象也潜移默化地影响着徽州儒生的精神追求。据史料记载，在徽州历史上出现过很多维护国家安危、舍身报国的忠臣义士，如明代平叛云南的许国，为朱元璋献策、一言安邦的儒生朱升，抗倭有功的兵部尚书胡宗宪，以及既是戏剧家又是兵部左侍郎的汪道昆等。

徽州木雕不只是一种简单的民间艺术，更是中华传统文化艺术的重要组成部分，有着深厚的文化底蕴。徽州木雕是历史遗留给我们的宝贵财富，在带给我们美的享受的同时，它也承载了丰富的历史文化信息，让我们能够从中窥探、挖掘儒家思想的精髓。

第五节
传统手工艺所映射出的儒家伦理教化功能

传统手工艺是人类社会共享的文化遗产，它通过丰富多彩的艺术形式，记录着不同历史阶段社会政治、经济、文化发展变迁的历程，是中国传统文化精神传承的重要载体。伦理是人类社会发展秩序的一种表现，是人们普遍认同的生存准则，是中国传统文化的重要内容。传统手工艺作品是民间艺人表现对所生活时代的理解和生活规则解读的艺术样式，它们富于装饰美感，造型生动，色彩艳丽，寓意吉祥，表达着劳动人民对真、善、美的追求，折射着中国儒家精神的光芒。

一、对自然万物的依赖和顺从

传统手工艺的产生和发展以数千年的农耕文化为背景，生产力的低下使古人非常注重人与自然相处的关系，在顺应和改造自然的过程中自强不息，力图同自然和谐共处，例如民间美术中对"女娲补天""夸父追日""大禹治水"等传说的表现，都可视为人类与自然较量的见证。

随着人类社会的发展和对自然的不断认知，在同自然的较量中人们也逐渐认识到自然中的动物、植物、山川、河流，包括人在内都是生存链条上的一环，应当顺从和运用自然规律，才能获得和谐的生存状态。孟子在《寡人之于国也》中说道："不违农时，谷不可胜食也。数罟不入洿池，鱼鳖不可胜食也。斧斤以时入山林，材木不可胜用也。"孟子的言论道出了古人生产劳动顺应自然规律的重要性，也反映了人们对自然环境的依赖。这些思想在民间美术作品中都有丰富的表现。

传统手工艺在一定程度上反映出农耕文化的生活方式下，人们的生活对自然依赖和遵从的痕迹。民间艺人通过作品把对自然的认知和理解同生产生活联系起来，创作内容几乎涵盖了自然中的一切：有牡丹、灵芝、梅、兰、竹、菊等各色植物；有仙鹤、喜鹊、蝙蝠、老虎、虫、鱼等动物；有山、川、云、水等自然景观；有花瓶、镜子、琴、棋、书、画、兵器等生活物品。对这些普通的动植物和物品，民间艺人赋予它们传播吉祥美好的"神力"，如"喜上眉梢"（喜鹊和梅花)、“连年有余”(莲花和鱼)、“连(莲)生贵子”“瓜瓞绵绵”“榴开百子”“马上封侯”(马和猴子)、“五福(蝠)捧寿”“吉祥(象)如意”等等。这些别具匠心的创造,使民间美术逐渐形成了独特的审美体系和符号,常以牡丹、蝙蝠代表富贵,松鹤、桃子代表长寿,荷花、莲藕代表婚姻幸福,瓜果、石榴代表多子多孙、绵延不绝,等等。这些作品传达着人们对婚姻、长寿、子孙繁衍的美好愿望,或具象或抽象,以象征和谐音的寓意,传递着人与自然的和谐之音。

二、对家族观念的宣扬和维护

修身、齐家、治国、平天下的思想出自《礼记·大学》,是儒家的重要政治理想。儒家强调个人道德修养与治国、平天下的一致性,主张以“修身”为中心,由近及远,由己及人,以此来逐步实现齐家、治国、平天下的理想境界。礼乐文化的主要社会功能是教化人心,通过礼乐的实践来培养人们内心的道德情操,以此来达到统治秩序的稳定与和谐,这个在古代手工艺制品中也有所体现。

在中国文化传统中,“家”的地位是至高无上的,修身、齐家、治国、平天下,家总是处于核心位置。因此,诸如年画、剪纸、刺绣、雕刻等传统手工艺对家族观念的宣扬和维护也是不遗余力的,并且把“孝道”置于突出的地位。《大学》中记载:“所谓治国必先齐其家,其家不可教而能教人者无之。故君子不出家而成教于国:孝者,所以事君也;悌者,所以事长也;慈者,所以使众也。”在中国传统文化中,尊老爱幼是美德,“孝”是道德伦理的重要内容,“百善孝为先”体现着对长者的尊重、顺从、关爱。为老人祝寿是表现孝心的一种形式,各地风俗有所不同,有送寿面、寿桃的,还有送寿联、寿幛，绘画、剪纸的，等等，祝寿的题材多为“五福捧寿”“麻姑献寿”“八仙祝寿”，或以松树、丹顶鹤来象征长寿。

孔孟说“泛爱众”“老吾老以及人之老，幼吾幼以及人之幼”，墨子认为的“兼相爱”都是对理想的社会伦理秩序的表达。最基础的孝首先是对父母的孝敬，《孝经》说：“君子之事亲孝，故忠可移于君；事兄悌，故顺可移于长。居家理，故治可移于官。”作为孝文化的延展，逐渐向君父、国家、民父等范畴演化，使孝文化充实了忠、贞、仁、爱、敬等丰富多样的伦理内容。在民间美术中，以“孝”为主题的图画程式，有“二十四孝图”“打金枝”“岳母刺字”“麻姑献寿”“四郎探母”“荆柯刺秦王”“桃园结义”等。这些表现忠、孝、节、义内容的典故和图式，包含着符合大众审美理想的伦理内涵，是大众伦理观念、价值观念和审美观念的融合统一。随着历史的沉淀，屈原的爱国主义形象、关公的忠义形象等在民间文化实践中逐渐演绎为典型的伦理符号。

歌颂夫妻和谐关系以及美好生活情趣也是传统手工艺的表现主题之一，如较为流行的《和合二仙》《天仙配》《梁山伯与祝英台》等。苏州桃花坞年画《茉莉花歌新编时调十二首》不仅刻绘了戏曲中男女相爱的情景，还刻有不少琐语俗词，展现出追求美满和谐的家庭生活和人间真情的良好愿望。另外，不同形式的歌颂和赞扬家庭伦理观念中的长幼有序、相互谦让、和睦安康的人伦秩序的年画，在潜移默化中使人伦道德和家族观念得以加强，并宣传到每个家庭，植根于每个社会成员的心灵深处，内化为人们的心理自觉。

三、对民族观念的阐释和强化

传统手工艺对民族观念的宣扬主要是在晚清以后，但这并不意味着早期的作品完全忽视这一主题。《忠经·保孝行》称“孝者必贵于忠”，在此经中，对“忠”“孝”“义”做了大量阐释，又说“故君子行其孝必先以忠”，尽忠报国，尽孝奉亲。“义”是儒家所认定的理想品格和重要品质，是人生所追求的尽善尽美的精神境界，“忠”“义”是我国古代最初意义上的民族意识的体现。以历史故事和戏曲为题材的作品就蕴含着深厚的民族意识，杨家将、岳家军等群众喜闻乐见的人物和故事就是在宣扬原始意义上的民族观念，赞美英雄人物。而且随着社会形势的变化，民间美术作品对英雄人物的表现主题也在不断发生变化。以关公形象为例：关公一直被看作“武圣”，其神职是驱邪除恶、保护一方民众的平安，对应的是中国历史上战乱频仍、民众生活需要强有力人物保护的社会状况。清王朝建立之后，关公被当作财神来崇拜，原因是清朝商品经济获得了大发展，商人担心经商风险而有祈求关公保护的必要，关公便又有了施财的兼职。改革开放以来，关公主要被人们当作财神供奉，这是适应市场经济需要发生的新转变。无论关公被赋予什么样的角色期待，他都是神化中的民族英雄，是构成中华民族文化传统的原始基因之一，年画对他的宣扬和赞美带有强烈的民族色彩。

进入近代以后，中华民族受到西方列强的入侵而面临着空前的民族危机，以时事变革为题材的民间工艺品开始涌现，近代民族观念借助年画、剪纸的流布迅速在散沙状分布的农民中间蔓延。《刘提督水战得胜全图》《国民捐》《女学堂演武》《德日争夺青岛图》等在激发民众的民族自强意识方面居功至伟。抗日战争时期，大后方和解放区美术工作者创作的《保卫家乡，保卫祖国》《拥护咱们老百姓自己的军队》等作品更是起到了激励人心、抵御外敌的作用。在民族觉醒的过程中，各地艺人还创作出了旨在鼓励国人自强和消除社会顽疾的题材，比如天津杨柳青年画《小儿怒》就是其中的代表作。这幅年画借小儿想上学堂念新书，但乡绅思想守旧，小儿怒斥乡绅，图中题字："中国百姓外国欺，欺来欺去要分离；那时乡绅做不成，乡绅为何不动心？"因这幅年画曾刊登在彭翼仲主办的《启蒙画报》上而流传甚广，宣传效果也很好。

承载着伦理教化功能的传统手工艺常常是作为一种不自觉的力量支配着人们的行为，以一种无形的威严调节和制约着人们的生活方式和生产方式，有时甚至能起到法律所不能起到的作用，维系着农耕社会的传承秩序。但是，随着农耕时代的结束和工业文明的冲击，传统手工艺的大众传播功能迅速被各种方便、快捷的现代传播媒介所代替，我们所讨论的民间工艺的伦理教化功能很像"考古"的工作，现实意义变得很淡薄。不过我们不能丧失信心，我们要将传统工艺生活化，使其融入生活，让这个宝贵的传统文化遗产为激励全国人民朝着共同目标努力奋斗提供强大的思想动力，为中华民族大家庭的团结和睦与兴旺发达提供坚强的思想纽带，为中国特色社会主义核心价值体系提供民意基础和思想资源。果真能做到这一步，中国文化传统的传承与创新便具有了一个更加坚实的基础。

第二章

儒家人生秩序规范影响下的中国服饰审美

第一节
服饰发展简史

中国素有“衣冠王国”之称，上起史前，下至明清，中华各民族在长期的生产活动和社会实践中，创造了无数精美绝伦的服饰。服饰的发展可以说是一个由简单到复杂、由生理到精神、由物质到文化的不断升华、演进和丰富的过程。早在旧石器时代初期，人类就开始用兽皮、树叶等原始材料包裹身体，以达到遮蔽和御寒的目的。到旧石器时代晚期的北京山顶洞人时期出现了我们祖先最初的缝纫工具——骨针。这说明，从那时起，人类的祖先就已经掌握了最原始的缝纫技术。

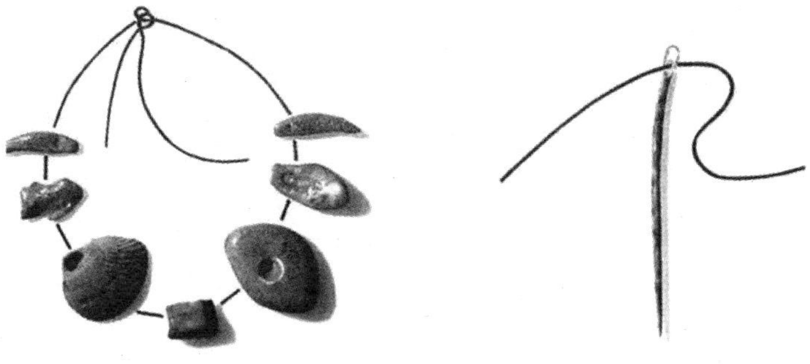

图 2-1　山顶洞人遗址出土的各类穿孔饰品和骨针

旧石器时代晚期，人们通过渔猎采集所获得的食物变得充裕起来，人类对服饰的审美需求日益显现。于是，古人利用打制、刮削、磨制、穿孔等多种加工技术，对骨、角、牙等天然材料略作加工后，使其成为具有简单的装饰和美化功能的饰品。

新石器时代中晚期，真正的纺织技术诞生，人类的衣物原料又进一步发展，改变了人类服饰的原始形态。夏代，手工业逐步从农业中分离出来，使得中国古代服饰文化得以进一步发展。在这一时期，阶级意识逐渐形成，服饰也被注入了阶级的内涵，如《左传・僖公二十七年》中引《夏书》，称夏代“明试以功，车服以庸”，用车马服饰品类显示有功者身份的尊贵和荣宠。

商代物质生活资料丰富远逾夏代，助长了贵族服饰的奢靡之风，由此也确立了“服明上下”的服饰礼仪制度。从一些商代的玉雕、石雕和陶雕等资料分析可知，当时社会上层贵族的服饰，上身一般穿交领右衽、窄袖及腕、织绣华丽纹饰的上衣，并在腰部束宽带，下身穿有纹样装饰的裳或裤。

图 2-2　身穿交领服的玉人
（河南安阳妇好墓出土）

周代作为中国历史发展的一个重要的转折时期，其政治与文化对后世的影响非常显著，周代政治实行以血缘关系为基础的宗法制度和分封制度，并且建立了非常严明的“礼乐制度”来维护统治阶级内部秩序。西周时期的礼制涉及衣冠服饰、使用器具、出行车马等人们生活的各个方面，这也是孔子“礼”学思想的源头所在。在周代如此秩序井然的礼数约束下，周代的服饰也形成了非常鲜明的特点。《周礼・春官・司服》载：“王之吉服：祀昊天上帝，则服大裘而冕，祀五帝亦如之；享先王则衮冕；享先公飨射则鷩冕；祀四望山川则毳冕；祭社稷五祀则绨冕；祭群小祀则玄冕。”周天子出席不同祭祀场合穿着的不同的冕服，有“六冕”之称，并且在周代只有天子可以穿六冕。皮弁服是周代天子视朝、郊天、巡牲、朝宾、射礼等场合穿用的服饰。除天子之外，又为诸侯朝见帝王、视朔及田猎时穿用的服装。皮弁服上“天子用彩玉十二饰其缝中，诸侯以下各按其命数而玉饰之。如侯伯饰七堪，子男饰五，皆用三彩玉；下自孤则饰四、卿三、大夫二，皆二彩玉；士则无饰”[①]。

公元前221年，秦始皇灭六国，结束了二百多年的诸侯割据局面。推行“书同文，车同轨，兼收六国车旗服御”等措施。但是秦朝统治者崇尚武力治国，与儒家以“仁”治国的思想恰恰相反，秦始皇对儒家学说极其反对，并作出了“焚书坑儒”的暴行。故《太平御览》卷六九〇引挚虞《决疑要注》中载：“秦除衮冕之制，唯为玄衣绛裳，一具而已。”

汉代在建立之初，吸取秦亡的教训，曾用黄老之学治国，经历了数十年的休养生息。在汉武帝时期，董仲舒提出“罢黜百家，独尊儒术”，儒家思想经历了秦代的大肆破坏之后，又重新焕发出了它的光彩，显现了它强大的生命力。汉代依据儒家学说制定了一系列的社会制度来巩固统治者的地位，服饰制度也是其中很重要的一项。汉武帝始改汉从土德，又因中央集权制，所以土位中，黄色在五行中为土，故汉代尚黄。武帝元封七年（前104年），西汉政权确立了黄色的尊崇地位。

---

① 周锡保：《中国古代服饰史》，中国戏剧出版社1984年版，第47页。

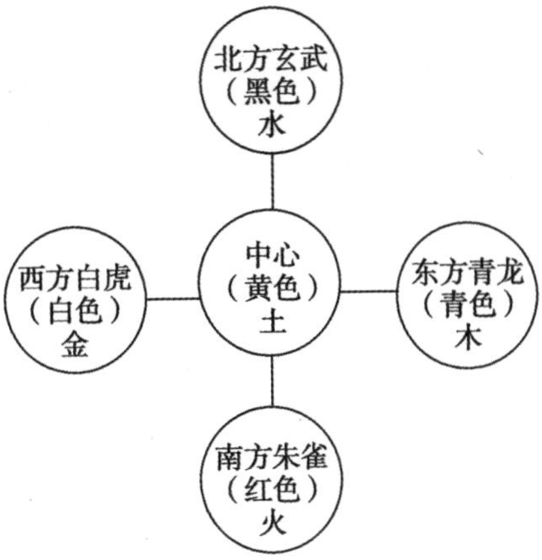

图 2-3　五行、五色、五方示意图

汉代皇帝在祭祀天地名堂时，头戴冕冠，身穿有十二纹章装饰的玄色上衣和纁色下裳；当皇帝祭祀宗庙诸祀时，头戴长冠；外穿玄色绀缯深衣，绛缘领袖的中衣和绛色绔袜。

照法律规定，汉代农民只能穿本色麻布衣服，不许穿彩色，董仲舒《春秋繁露·服制》中还说到"散民不敢服杂彩"。汉代还有一系列的冠帽制度、印绶制度等，都体现了当时服饰制度的细致和严苛。这为汉代儒学"礼"制的发展提供了充足的条件。

公元 220 年，东汉结束了它的统治，随之而来的是长达三百多年的动荡、分裂的三国两晋南北朝时期。由于这一时期中原地区政权不稳，为北方游牧民族进入中原带来了便利的条件。民族的大迁徙，促进了胡、汉的杂居，使得汉族农耕文化与草原游牧文化的相互碰撞，不仅带来了新的服饰文化与美学的观念，还形成了以农耕文明的礼仪服饰为主体，融合游牧文明的实用、便捷的日常服饰的形式。

魏晋南北朝时期，由于中原汉族王权的削弱，加之政治的腐败，礼教和经学的繁琐使"独尊儒术"的信仰发生了动摇，玄学、道教及佛教禅宗思想盛行一时。这样的社会环境下出现了一批试图突破旧礼教的文人士大夫，他们整日沉迷于饮酒、吞丹、谈玄，并在服饰上寻求解脱，这促成了“冠小而衣裳博大，风流相放，舆台成俗”(《晋书·五行志》)的服饰审美风尚。

在魏晋南北朝时期，汉族服饰以长衫为尚。衫为单衣，衣袖宽大，采用对襟，《释名·释衣服》中说：“衫，芟也，芟末无袖端也。”闭沅疏证：“盖短袖无祛之衣。”衫在魏晋时的流行与当时放荡不羁的生活方式有关。这一时期，贵族命妇当中流行一种叫“蔽髻”的假髻。其形状似发鼓的形制，在上面再加以金银等做成的花钿。花钿的多寡是区分身份高低的标志，因此有严格的制度，非命妇不得使用，且不同等级的命妇之间亦不可僭越。

隋唐时期，中国在政治上又一次南北统一，但服装却分成两类：一类继承了中原地区农耕文明传统的汉式冠冕衣裳，用作祭服、朝服和较朝服简化的公服；另一类则吸取了北方游牧民族的特点，使用便捷、实用的幞头、圆领缺胯袍和乌皮靴，用作平日的常服。[①]

唐代的女装是非常值得一提的。由于唐代社会经济繁盛，对外交流频繁，思想非常开放、自由，反映到服饰上则呈现出华丽、大度的丰富形式。在唐初流行短襦长裙，其特点是裙腰系得较高，一般都在腰部以上，有的甚至系在胸腋部位，形成高腰、束胸、贴臀、下摆齐地的特点。唐代裙子的色彩丰富、绚丽，红、绿、黄争艳，尤以红裙为尚，有“红裙妒杀石榴花”的说法。唐代中期，西域文化大规模传入，出现了“女为胡服学胡妆”的现象。在开元、天宝年间，头戴胡帽，身穿翻领窄袖、腰系蹀躞带的紧身胡服成为汉

---

① 参见孙机：《中国古舆服论丛》，文物出版社1993年版，第176页。

族女子的时尚。

开放、大度的唐代形成了一种独特的对女性的审美标准：以健肥壮硕、肌肤白皙粉嫩为美。由此，出现了在盛唐时期流行于妇女中的衣料透明、袒领露胸的服饰式样。这种服装样式在周昉所绘《簪花仕女图》中充分显现出来。

图 2-4　周昉作品《簪花仕女图》

宋代时期由于吸取了唐末藩镇割据、节度使佣兵自重的教训，实行“崇文抑武”的政策，形成了文人治国的格局。宋代的统治思想以继承孔孟之道、强调封建伦理纲常为主。由此，形成了一种与唐代的开放、自由相反的内敛的审美特点。宋代服饰给人以质朴、洁净和自然之感。宋代服饰以存古风为尚，襕衫就是一例，即于袍衫的下摆处施一横襕。襕衫之襕，其形式既可缝缀，也可绣绘，具有上衣下裳的含义。背子是宋代最具特色的服饰之一，它是宋代男女皆穿，尤盛于女服之中的一种服饰，一直流传至明代。宋代的背子有宽袖背子和窄袖背子之分，多以花边在衣襟、袖口和两腋侧缝处作缘饰，时称“领抹”。

公元 1279 年，忽必烈灭南宋，结束了从五代到南宋历时 370

多年政权并立的局面，建立了统一大帝国。元朝社会有明显的特点：地域辽阔，民族混杂，各种文化交相辉映，这就造成了元代服饰的多样化。元代流行一种辫线袄（袍）或称“腰线袄子”。它产生于金代，大规模使用则在元代。其式样为圆领、紧袖、下摆宽大有许多褶裥。

图 2-5　大袖背子
（福建南宋黄昇墓出土）

辫线袄一直沿袭到明代，不仅没有随着大规模的服制变易而被淘汰，反而成了上层官吏的装束，连皇帝、大臣都穿着。

图 2-6　元代“腰线袄子”

元代女子首服以“罟罟冠”为其特色。罟罟冠可分为上、中、下三部分：上部以羽毛或树枝等物为主，中部为呈上宽下窄的圆筒状，下部为冠筒与头部相连接的部分。罟罟冠呈宽顶细腰状，前面探出，两侧各垂一翼状耳饰，顶后翘翠花羽毛树根。从外观上讲，其构造颇为巧妙、细节装饰又很具审美特点，有拟物象形、取法自然的朴素艺术造型观之特点。

明代在中国历史上是一个相当活跃的时期，织绣技艺迈向顶峰，其章服衣冠更趋豪奢。明代建国以后，开始恢复汉族礼仪与习俗，明太祖曾下诏："复衣冠如唐制。"(《明太祖实录》卷二六)此外，明代的服饰等级制度受到封建制度的衰落和城市商业化的冲击，从而呈现丰富多彩的特点。"曳撒"为裙袍式袍服，本为从戎轻便之服。大襟右衽，长袖。衣身前后形制不一：后者制为整片；前者则分为两截，腰部以上与后片相同，腰部以下两边有细褶，中间不折，形如马面。明初用于管理及内侍：有官者衣色用红，上缀补子；无官者衣色用青，无补子。至明代晚期，曳撒演变为士大夫阶层的常服。曳撒可以说是汉族深衣式样与蒙古族服饰式样的融合。

图 2-7 故宫南熏殿旧藏《历代帝后像》中头戴罟罟冠的彻伯尔像

图 2-8 《朱瞻基行乐图》中身穿曳撒的人物

明代女性服饰流行上襦下裙的形式。上襦为交领、长袖短衣，有的还在其胸背部织绣精美纹样的补子。

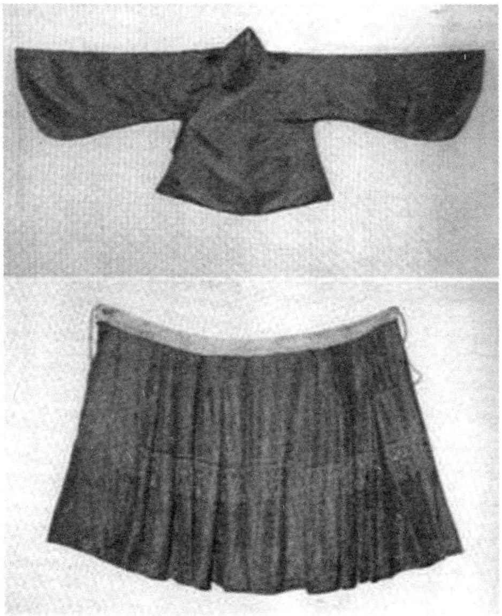

图 2-9 明代襦裙样式

裙子的颜色，明初崇尚浅淡。崇祯初年，裙子多为素白，即使刺绣纹样，也仅在裙幅下边一两寸部位缀以一条花边，作为压脚。裙幅由初期的六幅发展到八幅，到明末增至十幅，装饰也日益讲究，腰间的褶裥也越来越密。

清朝是中国最后一个封建王朝。清代统治长达二百多年，清政府以武力强制实行"剃发易服"的政策，使汉族的服饰文化受到了满族服饰文化的强烈冲击。可以说，清朝的服饰是满汉融合的结果。

清代男子经常穿马褂，马褂本为满族人便于骑马的服装，故称"马褂"。它是穿在长袍外，衣长及腰，袖长及肘，两侧及后中缝开衩的短褂，其衣襟式样主要有对襟、大襟和琵琶襟三种。其袖口平直，马蹄袖。在清代马褂中等级最高和最具荣耀感的是黄马褂。黄马褂有“赏给”与“赏穿”之分，“赏给”是只限于赏赐一件，“赏穿”可以按时自做穿用，不限于一件。

图 2-10　清代黄马褂式样

清朝对妇女服饰相对宽容，分为满、汉两种。满族妇女一般穿长袍；汉族妇女仍上衣下裙为主。清中期以后也相互效仿，相互融合。后妃命妇，仍承明俗，以凤冠、霞帔作为礼服。普通妇女则穿披风、袄、裙。满族妇女的便服一般都穿长袍，其样式和男袍大体相同，唯领、袖织绣以花边装饰。清代妇女所穿的裙子，颜色以红为贵，丧夫寡居者只能穿黑裙，样式保留了明代的特征。清代裙子的基本形制是马面裙，裙的前后有两个长方形的外裙门。

图 2-11　清代马面裙

马面裙由两片相同的裙片组成，裙的两侧打褶裥，裙腰多用白布，象征白头偕老。清初，马面裙裙门图案非常复杂。到清末裙门结构仍然存在，但是图案逐渐消失，最后仅剩缘饰。

第二节
儒家道德观影响下的传统服饰文化

儒家美学经过几千年的发展，一直主宰着社会的变迁。这与儒家美学它固有的社会性关系密切。它不像道家美学的“无为”，更不像禅宗美学的“非悟无以入其妙”（谢榛语）。儒家美学自始至终都围绕着一个基点：追求“美”与“善”、美学与伦理学的统一。也可以说，儒家美学是以道德观为基本前提的。“而在中华文化的巨大构架中，衣冠服饰在发展之初就被注入了精神文化的要素，成为‘礼’的重要表征，并与伦理道德相联系。”[①]正如董仲舒在答汉武帝“册问”时所说：“臣闻制度文采玄黄之饰，所以明尊卑、异贵贱，而劝有德也。”（《汉书·董仲舒传》）可见，儒家的道德观体现在以“礼”为核心的尊卑等级观念上。因此，中国传统服饰也正是围绕这一点而形成和发展的。

“仁”和“礼”是儒家思想的核心，更是儒家美学的源头所在。“克己复礼”是孔子提出、被后人一直遵从的信条。历史上每个朝代都会有一套严明的“礼”数，人们的衣食住行被“礼”数所约束，但在约束下也不乏不越礼数的独特的生活美学。这一点在服饰上展现无遗。服饰，可以算是人类的独特创作，是人类区别于其他生物的文化标志。随着社会的发展，服饰的功能不仅仅局限于保暖、避害、装饰等，它被人类附加了更多“礼”的功能。服饰甚至

---

① 诸葛凯：《中国服饰文化与儒家道德观》，《苏州丝绸工学院学报》1997 年第 6 期。

成为划分社会等级的一种工具和载体。这与儒家的“礼”教思想一直处于封建社会的主流地位是有密切关系的。服饰的色彩、装饰纹样、样式等都能体现出对于“礼”的映射。

一、汉代冠帽制度

汉代把儒家思想置于非常重要的地位，很大一方面的原因是因为儒家的“礼”治思想符合统治阶级划分等级、维护统治的政治需要。汉代官员服饰上的等级差别主要体现在冠帽和佩绶。汉朝政府根据不同的用途和等级分赐给官员。文官戴进贤冠，武官戴武弁大冠，谒者、仆射戴高山冠，御史、廷尉戴法冠，宫廷门吏仆射戴却非冠，卫士戴却敌冠。人们可以通过冠帽来辨识他人的身份地位，不准许佩戴不合自己身份、地位的冠帽。

进贤冠，是古代文儒圣贤的一种标志，据《晋书·舆服志》载：“进贤冠，古淄布遗象也，斯盖文儒之服。”[①]因汉代文职官吏有向朝廷引荐贤人的职责，故以“进贤”之名。进贤冠前高七寸，后高三寸，长八寸。前柱倾斜，后柱垂直，戴时加于巾帻之上。进贤冠是以梁的数量来区分官级职位的。公侯用三梁，中二千石以下至博士用两梁，自博士以下至小吏私学弟子，皆一梁。此冠在两汉时期较为常见，汉代以后历代相袭。

法冠也称“柱后”，据《后汉书·舆服志》载：“高五寸，以缅为展筩，铁柱卷，执法者服之，侍御史、廷尉正监平也。或谓之獬豸冠。獬豸神羊，能别曲直，楚王尝获之，故以为冠。”獬豸，传说中的一种异兽，一角能辨曲直，见人相斗，则会用角顶撞坏人。故法冠做成模拟獬豸的形象，以供执法的官员戴用。

---

① 《晋书·舆服志》卷二五，中华书局 1974 年版，第 767 页。

汉代的长冠，是汉高祖为亭长时戴的一种楚冠，用竹皮编制，因其佩戴者之故，又称“刘氏冠”。后来长冠被定为公乘以上官员的祭冠，也称为“斋冠”。西汉初期，将其定为祭祀大典上通用的冕冠。汉明帝时，在其色彩上有了新的规定，以赤色为贵。

二、汉代佩绶制度

在汉代，佩绶也成为一种可以区分身份、地位的衣服装饰。绶，是以丝缕编成的带子，系于腹前或腰侧，盖住装印的鞶囊。因此，绶既具有实用功能又具有装饰功能。在汉代，绶的用途得到扩大，不仅连接于佩玉，而且作为佩刀双印之饰。并且，这时统治者制定了一系列的佩绶制度，对于不同身份等级的官员，对其所佩绶带颜色、长度、构成要素等都有严格的区分：地位越高，绶带越长；颜色越繁丽，织品的质地也越紧密。在《汉官仪》[①]和《续汉书》[②]中都有对于汉代佩绶制度的记载，现将其规制列表如下[③]：

表 2-1　《汉官仪》中记载的佩绶制度

身份	绶		
	色彩	密度	长度
皇帝、太皇太后、皇太后、皇后	黄地白羽，青绛绿，五采	四百首	二丈三尺

① 《汉官仪》，汉官典职仪式选用，是两汉典章制度汇集。今本两卷。汉应劭撰。成书于东汉末年。《汉官仪》撰集于《续汉志》之前，对于保存汉代官制及其他礼仪制度是有贡献的。

② 《续汉书》，作者司马彪，全书包括帝后纪十卷，列传八十卷，记载了王莽末年到汉献帝逊位其间二百余年的史事。

③ 参见孙云飞编著：《历朝历代服饰》(上)，化学工业出版社 2010 年版，第 106～107 页。

续表

身份	绶		
	色彩	密度	长度
诸王	绛地白羽,青黄去绿,四采	二百六十首	二丈一尺
诸侯	绛地,缥绀	百二十首	一丈八尺
长公主、天子贵人、公、侯、将军	二采	百八十首	一丈七尺
九卿、中二千石	青绶,三采	一百廿首	一丈七尺
二千石	绶羽青地,桃花缥,三采	一百廿首	一丈七尺
四百石、三百石、二百石	黄绶,一采		

表 2-2　　《续汉书·舆服志》中记载的佩绶制度

身份	绶			
	色彩	密度	长度	玉环
皇帝、太皇太后、皇太后、皇后	黄赤绶,四采	五百首	二丈九尺九寸	有
诸王、长公主、天子贵人	赤绶,四采	三百首	二丈一尺	有
诸国贵人	绿绶,三采	二百四十首	二丈一尺	有
公、侯、将军	紫绶,二采	一百八十首	一丈七尺	有
九卿、中二千石、二千石	青绶,三采	一百二十首	一丈七尺	无
千石、六百石	黑绶,三采	八十首	一丈六尺	无

续表

身份	绶			
	色彩	密度	长度	玉环
四百石、三百石、二百石	黄绶，一采	六十首	一丈五尺	无
百石	青绀绶，一采		丈二尺	无

三、宋代服饰制度

宋代的统治思想以集成孔孟之道、强调封建伦理纲常为主。宋代是中国历史上包括礼仪制度在内的政治制度成熟发展的时代。从皇帝到各级官员的服饰作为一种特殊的社会物化语言和政治文化标记，在社会政治生活中发挥着巨大的作用。从一定意义上说，宋代的服饰史或制度史，也就是宋代的礼制史。同历史上所有的王朝一样，宋代服饰制度是以“礼”为出发点的。与前代大多采用“以冠统服”的模式不同，自宋代开始变为“以服为纲”的模式。宋代皇帝之服有七种：大裘冕、衮冕均为皇帝祀日之时穿用；绛纱袍为皇帝大祭祀致斋、正旦冬至五月朔大朝会、大册命、亲耕籍田时穿用；履袍为皇帝郊祀、明堂，诣宫、宿庙、进胙，上寿两宫及端门肆赦时穿用；衫袍为皇帝大宴时穿用；窄袍为皇帝便坐视事时穿用；御阅袍为皇帝的戎服。

图 2-13　宋太祖坐像

太子有三服：一曰衮冕，二曰远游冠、朱明衣，三曰常服。群臣礼服有祭服、朝服和公服三种。宋代官服在颜色上有了明显的区分，三品以上服紫，五品以上服朱，七品以上服绿，九品以上服青。款式基本承袭唐代曲领(圆领)大袖，下裾加横襕，腰间束以革带，头上戴幞头，脚登靴或革履。北宋神宗元丰年间(1078～1085年)改为四品以上紫色，六品以上绯色，九品以上绿色。凡绯紫服色者都加佩鱼袋。

表 2-3　　　　宋代品官服饰制度

品级	服色	腰带	鱼袋
一品	紫色	玉带	金鱼袋
二品	紫色	玉带	金鱼袋
三品	紫色	玉带	金鱼袋
四品	紫色	金带	金鱼袋
五品	绯色	金涂带	银鱼袋
六品	绯色	金涂带	银鱼袋
七品	绿色	黑银及犀角带	
八品	绿色	黑银及犀角带	
九品	绿色	黑银及犀角带	
庶人	皂白色	铁角带	

宋代皇帝穿用的大裘冕，首服为无旒冕冠，玄表朱里，长尺有六寸，前低一寸二分，四旁缘以金，覆于卷武之上，缫以五色丝贯五色玉，前后各十二，凡用二百八十有八；服饰为裘衣黑羔皮，领袖以黑缯，纁裳朱绂而无章饰。

绛纱袍仅次于冕服，冠用通天冠，北珠卷结于冠上，有二十四梁，以应冕旒前后之数，冠前有金博山加蝉为饰，冠高、广各一尺，青表朱里，黑介帻，玉犀簪导；服饰织成云龙纹绛色纱袍，白纱中单、方心曲领[1]、绛纱裙(裳)，腰束金玉带，前系蔽膝，旁系佩绶，白

[1] 宋代的方心曲领是一个上圆下方，形似锁片的装饰，套在项间起压贴作用，防止衣领雍起，寓“天圆地方”之意。

袜、黑舄。

宋代命妇随男子官品而分等级，有袆衣、褕翟、鞠衣、朱衣、钿钗礼衣和常服。皇后受册、朝谒景灵宫、朝会及诸大事服袆衣。妃及皇太子妃受册，朝会服褕翟。皇后亲蚕服鞠衣。命妇朝谒皇帝及垂辇服朱衣。宴见宾客服钿钗礼衣。皇后袆衣首服饰九龙四凤冠，冠有大小花枝各十二枝(皇妃戴以九翟四凤冠，饰大小花各九)，并加左右各二博鬓(即冠旁左右如两叶状的饰物，后世谓之“掩鬓”)；袆之衣，深青织成，翟文赤质，五色十二等。内外命妇的常服均为真红大袖衣，以红生色花(即写生形的花)罗为领，红罗长裙。红霞帔，药玉(即玻璃料器)为坠子。红罗背子，黄、红纱衫，白纱裆裤，服黄色裙，粉红色纱短衫。

图 2-14 宋神宗皇后图

四、明代官服制度

明代的服饰制度也是非常值得一提的，它把“礼”制思想又发展到了一个新的高度。明代官员在大祀、庆成、正旦、冬至、圣节及颁诏、开读、进表等礼仪活动时，要穿戴朝服。明洪武二十六年(1393 年)规定，官员朝服俱用梁冠，以冠上梁数为差。赤罗衣，白纱中单，青饰领缘，赤罗裳，青缘，赤罗蔽膝，大带赤、白色绢，革带，佩绶，白袜黑履。

图 2-15 明代朝服复原图

明代统治者自认为是以火德王天下，又因为明代开国皇帝朱元璋之姓的缘故，故明代服饰尚赤，因此出现了以赤袍为朝服的制度。

表 2-4　　明代朝服制度表

品级	梁冠	腰带	佩绶	笏板
一品	七梁	玉带	云凤四色织成花锦	象牙
二品	六梁	犀带	云凤四色织成花锦	象牙
三品	五梁	金带	云鹤花锦	象牙
四品	四梁	金带	云鹤花锦	象牙
五品	三梁	银带	盘雕花锦	象牙
六品	二梁	银带	练鹊三色花锦	槐木
七品	二梁	银带	练鹊三色花锦	槐木
八品	一梁	乌角带	鸂鶒二色花锦	槐木
九品	一梁	乌角带	鸂鶒二色花锦	槐木

明代官员每天早晚朝奏事和侍班、谢恩、见辞要穿戴公服。头戴幞头为漆、纱两种，展角长一尺二寸。身穿服饰为盘领右衽袍，用纻丝或纱罗绢，袖宽三尺。

表 2-5　　明代公服制度表(洪武二十六年定)

品级	服色	纹饰	纹饰尺寸	腰带
一品	绯色	大独窠花	花径五寸	玉带
二品	绯色	小独窠花	花径三寸	犀带
三品	绯色	散答花无枝叶	花径二寸	金荔带
四品	绯色	小杂花	花径一寸五分	金荔带
五品	青色	小杂花	花径一寸五分	乌角
六品	青色	小杂花	花径一寸	乌角
七品	青色	小杂花	花径一寸	乌角
八品	绿色	无纹		乌角
九品	绿色	无纹		乌角

明代官员常朝视事时穿用常服,头戴乌纱帽,身穿团领衫。据《明史·舆服志》记载,洪武二十四年规定,官吏所着常服的胸前、背后各缀一方形补子:文官补子装饰双禽,武官补子装饰猛兽。不同品级官员所用禽兽尊卑不一,以辨别官品高低。因此,由于补子的出现,常服也被称为“补服”。补服一直延续到清代,成为一种很重要的官服形式。

表 2-6　　明代补服制度表

品级	补子		服色	冠	束带
	文官	武官			
一品	仙鹤 	狮子 	杂色文绮、绫罗、彩绣	乌纱帽	玉带
二品	锦鸡 	狮子 			花犀带

续表

<table>
<tr><th rowspan="2">品级</th><th colspan="2">补子</th><th rowspan="2">服色</th><th rowspan="2">冠</th><th rowspan="2">束带</th></tr>
<tr><th>文官</th><th>武官</th></tr>
<tr><td>三品</td><td>孔雀
</td><td>虎
</td><td rowspan="6">杂色文绮、绫罗</td><td rowspan="6">乌纱帽</td><td>金钑花</td></tr>
<tr><td>四品</td><td>云雁
</td><td>豹
</td><td>素金</td></tr>
<tr><td>五品</td><td>白鹇
</td><td>熊罴
</td><td>银钑花</td></tr>
<tr><td>六品</td><td>鹭鸶
</td><td>彪
</td><td>素银</td></tr>
<tr><td>七品</td><td>鸂鶒
</td><td>彪
</td><td>素银</td></tr>
<tr><td>八品</td><td>黄鹂
</td><td>犀牛
</td><td>乌角</td></tr>
</table>

续表

<table>
<tr><th rowspan="2">品级</th><th colspan="2">补子</th><th rowspan="2">服色</th><th rowspan="2">冠</th><th rowspan="2">束带</th></tr>
<tr><th>文官</th><th>武官</th></tr>
<tr><td>九品</td><td>鹌鹑
</td><td>海马
</td><td rowspan="3"></td><td rowspan="3">乌纱帽</td><td>乌角</td></tr>
<tr><td>杂职</td><td>练鹊
</td><td></td><td rowspan="2"></td></tr>
<tr><td>法官</td><td>獬豸
</td><td></td></tr>
</table>

明清时期的补服制度可以说是明清两朝区分与其他朝代的重要特征，也是儒家文化在明清服饰制度“礼”制的独特体现。明代的补子前后均为一整幅，是一块约 50 厘米见方的绸料，织绣上不同纹样，再缝缀到官服上，胸背各一，表示品级。与明代相比，清代的补子相对较小，前后成对，但前片一般是对开的，后片则是一整片，主要原因是清代补服为外褂，形制是对襟的原因。清代沿用明代补服制度，图案内容大体一致，各品级略有区别。文官通常是：一品鹤，二品锦鸡，三品孔雀，四品雁，五品白鹇，六品鹭鸶，七品鸂鶒，八品鹌鹑，九品练雀。武官则是：一品麒麟，二品狮，三品豹，四品虎，五品熊，六品彪，七品、八品犀牛，九品海马。

表 2-7　　　　　　清代官服补子

品级	补子	
	文官	武官
一品	仙鹤 	麒麟 
二品	锦鸡 	狮 
三品	孔雀 	豹 
四品	雁 	虎 
五品	白鹇 	熊 
六品	鹭鸶 	彪 

续表

品级	补子	
	文官	武官
七品	鸂鶒 	犀牛 
八品	鹌鹑 	犀牛 
九品	练雀 	海马 

补子，作为中国古代独有的一种官吏等级标志，有别上下、明尊卑的功能。但它同时又是一种中国古代特有的文化符号，蕴含有特殊的文化审美理念，是一条贯穿着皇帝、官吏、百姓的等级链条。在这方寸之间体现的不仅仅是中国古代文化所特有的构思、构图及巧妙联想的审美意趣，更多的是包含了“君君臣臣”的儒家等级观念——“礼”。

第三节
“天人合一”儒家精粹在中国传统服饰中的体现

“天人合一”是儒家思想的延伸，这里的“天”是指天道、自然，“合一”的意思是顺应、遵从。也就是说人与自然要和谐相处，人的行为要顺应自然，不能违反自然规律，旨在“天”和“人”的统一中寻找美的本质。儒家美学把自然看成是可以体现人的情感和道德理想的，审美客体与审美主体存在“比德”关系，天人统一，“知者乐水，仁者乐山”(《论语・雍也》)。同时，又把情感表现看成必须是符合自然的，是规范的和适中的，“乐而不淫，哀而不伤”(《论语・八佾》)，人顺应天，天人和谐。因为在儒家看来，只有天人合一才能达到一种“中和”的状态，使情感世界处于和谐，使人心合乎规范，使行为合乎礼义。如董仲舒认为，“举天地之道而美于和”(《春秋繁露・王道通三》)，“仁之美者在于天”(《春秋繁露・循天之道》)。当然，他的“天人合一”说的目的在于把天之“和”与“仁”贯彻于人间，达到政通人和。

中国的传统服饰很鲜明地体现了这一点。这也是人们长期与自然共存的结晶。服饰艺术是以服装为载体的，是对现实生活和精神世界的反映。服饰作为一种文化形态，其演变改革贯穿了中国古代各个历史时期。无论是商的威严庄重、周的秩序井然、战国的清新灵动、汉的凝重大气，还是六朝的清瘦飘逸、唐的丰满华丽、宋的理性之美、元的粗壮豪放等，种种设计风格无不体现了

“天人合一”的思想理念。

“天人合一”的思想最早出现于《周礼·考工记》:“天有时,地有气,材有美,工有巧,合此四者,然后可以为良。”“天时”乃季节气候条件,“地气”则指地理条件,“材有美”为工艺材料的性能条件,而“工有巧”则指制作工艺条件。只有这四者和谐统一,才有精妙设计,这正是中国传统设计中所遵循的“天人合一”之道。《周礼》是儒家经典,所涉及之内容极为丰富。“大至天下九州,天文历象;小至沟洫道路,草木虫鱼。凡邦国建制,政法文教,礼乐兵刑,赋税度支,膳食衣饰,寝庙车马,农商医卜,工艺制作,各种名物、典章、制度,无所不包,堪称为上古文化史之宝库。”①《周礼》与《礼记》《仪礼》被称为“三礼”,这“三礼”便是儒家倡导的四书五经之中《礼经》。

服饰艺术体现了中国传统文化中的思想意识、行为方式、审美意识,“天人合一”这一理念主要指着装者与着装的季节、着装环境、衣料的质地和剪裁手法以及穿着者要达到的社会目的这几方面完美结合,方才成就服饰之美,也就是“衣人合一”。因而,服装穿在人身上,不仅强调与形体的关系,更注重穿着者的整体形象,也就是衣与人、与社会环境的和谐统一。

一、传统服饰色彩

“色彩对人的感官有着非常直接的影响并能够激发人的各种联想、想象和情感。可以说,在一切设计元素中,色彩是最具表现力的元素。色彩不仅可以强化造型的效果,而且它本身就具有很

① 肖东发主编:《古老哲学:哲学流派与经典著作》,现代出版社2014年版,第5页。

高的审美价值。”[1]一件物品的风格通过色彩可以强烈地表现出来。人类的一切生活活动都离不开自然,人类的原始艺术灵感就来自于自然。中国古代的服饰也是一样,它用色彩表达了人与自然的一种和谐的相处关系。东汉时期统治阶级有一种五郊设祭迎气的礼俗。立春之日,迎春于东郊,祭青帝句芒;立夏之日,迎夏于南郊,祭赤帝祝融;立秋前十八日,迎黄灵于中兆,祭黄帝后土;立秋之日,迎秋于西郊,祭白帝蓐收;立冬至日,迎冬于北郊,祭黑帝玄冥。并且,在迎气时皇帝大臣们都要穿戴与各节气相符色彩的服饰,即“各如其色”。汉朝依据阴阳五行学说,把服色与季节的变换相联系,要求服装色彩按季节不同而变换,即孟春[2]穿青色,孟夏穿赤色,季夏穿黄色,孟秋穿白色,孟冬穿黑色,形成一年五次更换官服颜色的制度。除了赤、青、黄、白、黑五个正色以外,又按阴阳之间相生相克的理论,调配出介于五色之间的间色,多为官员燕居和平民服饰采用。《尚书·益稷》载:“以五采彰施于五色,作服,汝明。”孙星衍疏:“五色,东方谓之青,南方谓之赤,西方谓之白,北方谓之黑,天谓之玄,地谓之黄,玄出于黑,故六者有黄无玄为五也。”古代人们通过对于大自然的长期观察,得出色彩与自然界的季节、方位等是有着密切联系的,因此色彩自然成为人类用来沟通自己与上天的一个媒介,故而形成了服饰中根据季节、方位而变换的色彩制度。

---

① 陈望衡:《设计艺术美学》,武汉大学出版社2000年版,第265页。

② “孟春”即是春季的首月。农历一年分十二个月,依次为:孟春、仲春、季春,孟夏、仲夏、季夏,孟秋、仲秋、季秋,孟冬、仲冬、季冬。

表 2-8　　古代色彩与季节、方位、五行对应表

色彩	季节	方位	五行
青	孟春	东方	木
赤	孟夏	南方	火
黄	季夏	中	土
白	孟秋	西方	金
黑	孟冬	北方	水

二、深衣

先秦时期的服饰，深衣可以算作用途最为广泛的服饰之一，也是最能体现“天人合一”儒家思想的服饰之一。深衣为上下分裁，然后缝合，其意象征上衣下裳的形制。较之上衣下裳的二部式服饰，深衣的穿用更为方便实用。深衣的造型与儒家思想有着密切的关系。据《礼记·深衣》载：“古者深衣，盖有制度，以应规矩绳权衡……制十有二幅，以应十有二月。袂圜以应规，曲袷如矩以应方，负绳及踝以应直，下齐如权衡，以应平。故规者，行举手以为容。负绳抱方者，以直其政，方其义也。……下齐如权衡者，以安志而平心也。五法已施，故圣人服之。故规矩取其无私，绳取其直，权衡取其平，故先王贵之。”袖口宽大，象征天道圆融；领口直角相交，象征地道方正；背后一条直缝贯通上下，象征人道正直；腰系大带，象征权衡；分上衣、下裳两部分，象征两仪；上衣用布四幅，象征一年四季；下裳用布十二幅，象征一年十二月。身穿深衣，自然能体现天道之圆融，怀抱地道之方正，身合人间之正道，行动进退合权衡规矩，生活起居顺应四时之序。从衣袖、衣领到衣背中缝、下摆都有特定的形式来象征各种自然与社会秩序。

可以说，儒家“天人合一”的思想在深衣上反映得淋漓尽致。

受到伦理思想的影响，深衣的颜色很深。一般来说，如果父母、祖父母都健在，就穿绿色的深衣；父母健在，而祖父母不全在或父存母亡的，用青色；父亡母存的用素色；平常衣料的颜色要避免素色，这是对父母表达孝心的一种方式。此外，深衣的袖口、衣襟和下摆的部位有不同色彩的缘饰，如果父母、祖父母都健在，就用镶带花纹的缘饰，父母健在就镶青边，如果是孤子，就镶白边。

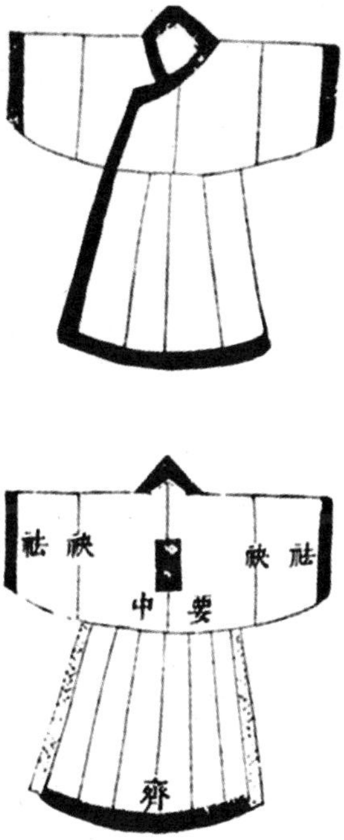

图 2-16　深衣形制
（上为正面，下为背面）

深衣对后世也产生了极大的影响。汉时的命妇以此作为礼服；唐代的袍服下加襕，称为“襕袍”或“襕衫”；宋代士大夫亦有复制深衣而服者；元代的质孙服、腰线袄子；明代的曳撒等都采用这种上下连衣裳的形式。由此可以看出儒家思想对服饰的影响在各代的延续。

三、儒服

儒服是我国古代儒士所穿的服饰，峨冠博带，风度翩翩。但孔子却表示：“丘闻之也，君子之学也博，其服也乡，丘不知儒服。”（《礼记・儒行》）在孔子死后，据墨子说，“其徒属弟子皆效孔某”（《墨子・非儒下》），故孔门弟子慢慢以孔子的衣冠作为儒士（墨子已用“儒士”之称）的标志，由是产生了所谓儒服的问题。儒服的主要特点是：衣逢掖之衣、戴章甫之冠、履句履、绅带、搢笏。据《庄子·外篇》记载，庄子曰："周闻之：儒者冠圜冠者知天时，履句履者知地形，缓佩玦者事至而断……"意即"我听说了，儒者戴圆冠的，知道天文；穿方鞋的，知道地理；用五色丝带系玉玦的，遇事而决断……"儒服冠圆履方的概念，实承载了儒家"天圆地方""天人合一"的服饰观念。

四、服饰应景纹样、吉祥纹样

在明代皇宫中的服饰出现了根据时令、季节、风俗而变换服饰材质和纹样的制度。这一制度的出现也体现了"天人合一"思想在服饰上的影响。规定如下：

春节（农历正月初一），宫眷、内臣必穿"葫芦景"补子及蟒衣，帽上佩大吉葫芦、万年吉庆铎针（帽前额正中的饰物）；自岁暮正旦，内臣、宫眷穿"咸头戴闹蛾，或草虫蝴蝶"（象征迎春）；十五日上元元宵，皆穿"灯景"补子衣，衣上饰灯笼纹样；三月初四（清明节），内臣、宫眷换穿罗衣，穿"秋千"补子，至四月初四换纱衣；五月初一起至十三（端午节），宫眷、内臣穿"五毒艾虎"[①]补子蟒衣；七月七日七夕节，宫眷穿"鹊桥"补子；八月十五中秋节，宫中赏秋海棠、玉簪花，穿"天仙""玉兔"补子；九月初九重阳节，御前进安菊花，宫眷、内臣穿罗衣"菊花"补子蟒衣；十月初四，宫眷、内臣换穿纻丝，每年小学之后至立春之前，羊绒衣服随纻丝穿；十一月冬至节，宫眷、内臣穿"阳生"补子蟒衣，其翁垟为童子骑绵羊，肩扛梅枝，梅枝上挂鸟笼，亦称"太子绵羊图"。

① 五毒，即蝎子、蜈蚣、蛇虺、蜂、蜮。艾虎，即口衔艾叶的老虎，寓意驱毒避邪。

表 2-9　　　　　　明代应景纹样对应表

节日	补子应景纹样	节日	补子应景纹样
春节	葫芦景补子 	七夕节	鹊桥补子 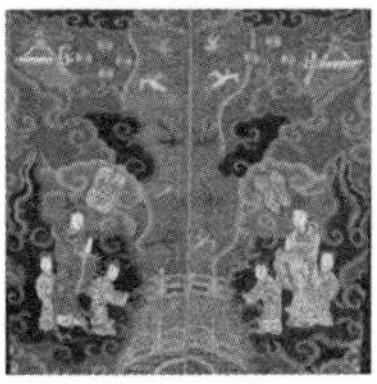
上元节	灯景补子 	中秋节	玉兔补子 
清明节	秋千补子 	重阳节	菊花补子 
端午节	五毒艾虎补子 	冬至节	阳生补子 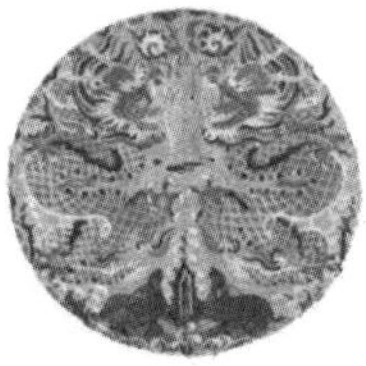

在明清服饰纹样中，还多用织物、花卉、动物和抽象图案为象征，寓意不同的吉祥喜庆的内涵。比如：葫芦、葡萄、藤蔓象征子孙繁衍、人丁兴旺，灵芝、桃子和菊花象征长寿，牡丹象征富贵，莲

花象征纯洁，梅花、松树、竹子象征文人清高，仙鹿、仙鹤象征长寿，鸳鸯象征婚姻美好，鲤鱼跳龙门寓意科举得中，蝙蝠象征多福，等等。

古代中国人运用丰富的联想把变化多样且人们日常多见的自然事物图案化，用来装饰服饰，使服饰自身富有了一种文化含义。然而，这种文化含义的形成更是古代中国人与自然共存过程中的一种思想的升华。人们敬畏上天，敬畏自然的万事万物，在中国传统服饰中人们把对于自然的敬畏已深深融入其中，实现了“天人合一”，应景纹样与吉祥纹样便是最好的说明。

第四节 儒家审美思想在当今中国服饰设计中的延续

服装是一种社会文化的反映。文化以服装为载体来向外界传播。如今，服装已经逐渐成为现代生活方式的重点关注内容之一。随着社会政治、经济、文化、科技的发展及新服饰文化体系的建立，服饰文化与其他文化形态一样，同样也受到了新思潮、新观念的影响和洗礼。溯源中华民族精神，不难发现先秦诸子百家的文化思想对中华民族的影响十分深远，特别是儒家思想文化历经数代发展，发挥着传承中华历史文明的重要作用，对中华民族精神的形成和发展做出了不可磨灭的贡献。在高度发达的现代化社会并不能脱离中国传统文化对服装的影响，同时儒文化的传统意识和原有的社会意义在现代被赋予了新的含义。

一、儒家美学思想在当今中国服饰中的传承

前面章节中我们总结了儒家礼仪思想传统的基本文化意蕴。历史的发展犹如流经很多地区的河流，沿途必然会不断地有支流注入。文化发展到每个时期都会有一些特色文化作为新鲜血液注入其中，且每个历史阶段由于人们的生产、生活方式的差异以及科技进步的程度不同，对传统的文化都会有自己的理解。历史发展到今天，儒家礼仪思想的基本文化意蕴也必然有新的诠释。礼乐文化不再局限于封建社会时期的等级制度观念上，而是上升到整个民族意识的高度，讲求的是把传统文化作为一个整体代表着整个民族国家的形象，具体到服装上，就是基于现代人对传统文化理解的基础之上，一种能充分体现本民族的传统文化特色并有深刻文化内涵的服饰文化的出现。

（一）“天人合一”思想在现代服饰中的体现

儒家学说中的“天人合一”思想融入了自然、环保的新内涵。“天人合一”的观念，不但影响着中国古代人服饰美学理念，也影响着现代人服饰穿着的美学理念。现代服饰美学理念告诉我们如何选择最佳的服饰进行自我塑造：首先，不悖受众审美观；其次，顺从个人审美趣味。因为人们要通过服饰，将自己主观世界的意识、心态、情感、理想等表现出来，所以无论是服饰的设计者还是使用者，都必须考虑受众对服饰美的审定与欣赏标准。同时，服饰是造型艺术，是典型的个性美，因此不能忽视创作者或使用者的主观愿望，服饰及审美元素的选择、取舍、组配均应取决于自己的意志，如此才能显现出鲜明的个性特征，表达出自己的审美观念及效果。如此看来，儒家的哲学思想对当代的服饰文化仍具有启迪意义。

“天人合一”奠定了中国人的传统设计思想，这是一种人与自然和谐共处的思想，人与自然应和谐，人不能破坏自然，否则就是违反了人伦道德。现代服饰设计中所追求的设计与自然的统一、设计与环境、设计与人都体现了这一点。

无论是设计者还是使用者，都在通过服饰表达对美好理想世界的向往，并使服饰达到人与社会、人与自然、人与环境的和谐之美，主要表现为面料的选择崇尚自然材质、舒适宜人，新兴的环保主义思想为其提升一个境界：棉、麻、丝、毛等天然的面料显得弥足珍贵，是对回归自然、轻松心情的一种诠释，充分展现儒家的哲学思想新内涵。

（二）现代服饰的“和谐”体现

儒家学说引申出的“和谐”思想成为当代中国社会文化的风向标。儒家学说在“天人合一”的思想中引申出“和谐”的思想，在人与自然的关系上，倡导人与自然的和谐共处，追求人与自然的和谐统一，这是中国传统文化的重要内容，也是人文主义精神的重要表现。在现代服饰上主要表现东西方服饰文化的融合、不同民族之间的服饰文化融合等。

在21世纪倡导“和谐社会”的大背景下，儒家思想被赋予时代的精神来引导社会向前发展，儒文化的传统意识和原有的社会意义在现代被赋予了新的内涵。在高度发达的现代化社会，中国传统文化对当代服装影响深远，无裁剪设计、立体裹塑的理念，在款式上主要以宽松的造型、线条修长简单的分割线，突出儒家的简约思想来体现新时代的定义，通过强调人的本质，肯定人的内在价值。具有极其丰富人文精神内涵的“和谐”思想作为中国传统文化主流思想，它不但体现出对人生价值与意义的肯定，同时对维护和调和良性运转的社会系统，具有重要的作用。

二、当今中国服饰审美意蕴的变革

由于经济的发展和审美观念的提高，现代人的服饰日益追求缤纷多彩。在笔者看来，主要在于现代服饰对色彩、式样及其制作用料特别讲究，注重服饰的外在美感，强调“文”；同时，又要通过这些外在的看得见的形式表现穿着者的独特个性和内在气质，反映当今的时代潮流。现代服饰这种“内”和“外”的统一，使得现代服饰表现出不同以往的特点。

首先，现代服饰讲求色彩纷呈。服装色彩是服装美的第一视觉要求，是服饰美学的基本要求之一。它对服装要表达的含义起着不可替代的作用。在现代服饰设计上，特别重视色彩的选择和搭配，无论是服装还是服装上的大小饰品，都不约而同地呈现色彩丰富的特点。孔子非常讲究服装的颜色选用及搭配。按照孔子的思想，不同地位和不同身份的人穿衣的颜色不同，在不同场合中，服装颜色的选择和搭配也是不一样的，这是不能随意更改的，必须跟“礼乐”内容配合统一，这样才符合拥有理想人格的“君子”的道德品性。例如在古代，“绀”是一种深青带红的颜色，“緅”是黑中带红的颜色。“君子不以绀緅饰，红紫不以为亵服”(《论语·乡党》)是强调品德高尚的人不能用深青带红和黑中带红的布料镶衣边，不用红、紫两种颜色来做平时在家穿的便服。因为红、紫均为女性服饰常用之色，孔子不用来做亵服，是为了避免服饰审美文化沾染轻佻、轻薄乃至男女授受不亲的风习，而与“礼乐”文化相违。

其次，现代服饰材质选择多种多样。随着社会物质文化的发展，现代服装不再局限于孔子时代的葛布、兽皮等材质，丝、织、毛、绒、棉等各种各样的材质在现代服装设计中得到了极好的使用。人们在设计和制作过程中得心应手地使用各种材质，完全体现出现代人的创造性和在服装制作上的特殊审美要求。

现代服饰追求个性的展示。随着社会的快速发展与西方文化的不断渗透，人们越来越看重个性的展示和张扬，那种由一种风格统领几年甚至数十年的时代已经一去不复返。现代服饰的一个极其显著的特点就是进入了一个追求个性与时尚的多元化时代，因此现代服饰款式多样、精彩新潮，长的、短的、藏的、露的、宽的、紧的、中式的、西式的并存。经济的一体化带来民族文化的相互交融，同时也带来了服饰上的相互认同和接纳，于是各个历史时期、各个民族地域、各种风格流派的服装相互借鉴，形成现代服饰多样性、灵活性和随意性的特点。值得一提的是，由于现代社会的瞬息万变，现代服饰样式也处于快速的出现和消亡过程中，时尚的现代人总处于不断追赶潮流的过程中，包括对各种品牌的崇尚和追逐。今天，更多的人是通过服饰来判断一个人的社会和经济地位，因此服饰成了金钱和成功的确切证据。于是，服装在现实生活中既表现出个体的自我同一性，又作为个体自身价值、个性和生活状况的象征出现在人们的生活中。这一点更加证明了现代服饰仍然遵循着几千年前孔子“文质彬彬”的服饰审美思想，遵循形式与内容相统一的原则。否则通过服饰体现和传递各种与之相关的信息简直是不可能的，而其作为众多信息存在的判断依据也就无从谈起。

此外，当今全球经济接轨、文化交融的特点也表现在服饰文化上，中国服饰便呈现出中西合璧的特点。

这首先表现在中国现代服装设计者受西方服饰观点的影响，有意无意地吸收一些西式服装的设计风格，使中国服饰表现出一些西式服饰的特点。另一方面，西式服装也适当地吸收了重视服饰的元素，中国服饰迅速走向国际市场，这既是开拓市场的需要，也是中国文化传播的必然手段和要求。

服饰既要有吸引人的外在形式，如色彩、质料、款式等，同时又要具有与时代、穿着主体的身份、性格、民族文化等相符合的内在品质。随着时代的发展和人们观念的变化，"文质彬彬"服饰审美思想中的"文"和"质"的具体内容虽然有了很大的改变，现代服饰无论在内容还是形式上都与几千年前的孔子时代迥然不同，但现代服饰还是始终坚守着孔子服饰"文质彬彬"这一原则：既具有外在形式美，又具有与之相一致的内涵。只有这样，现代服装才能作为一种特殊的媒介继续传递穿着者的内在信息。

三、从旗袍看儒家的审美意蕴

旗袍是中国灿烂辉煌的服饰文化长河中最具代表性的一种服饰形态。它历经时间的延续与空间的流转，融合中国多民族文化与西方文化，不断创新、完善、演绎着经典的东方之美。21 世纪随着电影《花样年华》的热映，旗袍带着隐约的性感、低调的奢华归来，展示出中国服饰特有的婉约、典雅、含蓄之美，是历经韶华后旗袍的美之所在。旗袍以一种怀旧的格调走进现代人的生活，在时尚的风云变幻中展示着它历久弥新的美。

旗袍体现出的儒家思想的审美功能：

(一)含蓄、典雅之美

旗袍摒弃昔日错彩镂金之美，展现其初发芙蓉、自然可爱之态，且恰到好处地融合东西方的含蓄与性感，以简洁、自然的曲线设计勾勒出女性凹凸有致的形体美，明快流畅，无枝无蔓，在云淡风轻中尽显端庄、典雅之气韵。别致的领口、纽扣点缀出中国服饰文化深沉、隽永的神韵；雅而不俗的袒露使裙衩设计暗合中国绘画虚实相生的审美理念，在若隐若现中流露出女性的性感之美。旗袍参与时尚又远离时尚，被时尚改变也改变着时尚，在瞬息万变的时尚中，旗袍以高贵的姿态坚守美的灵魂，尘埃落定后不变的仍是它含蓄、婉约、典雅之美，成就了服饰世界的经典。

（二）体现儒家传统思想

首先，旗袍体现了儒家思想强调在日常行为和人际交往中的正直、儒雅、快乐而有节制。其次，中国人喜欢“中庸”。旗袍也可以体现出这一点，从材质、款式、搭配各方面看，女性都可以找到适合自己的“旗袍”。另外，旗袍是一体式剪裁，上下身联体，正式体现了儒家强调“完整”的思想和中国哲学中强调“元一”的概念。最后，旗袍可以体现中国人强调的“和谐”。旗袍半圆高领，对称剪裁，没有过多修饰，都体现出这一点。

近年来，为了让旗袍上身效果显得不再古板、守旧，旗袍的改良加入很多现代设计元素，不同的设计师有自己不同的表现方法。主要表现在下摆的变化，有 A 式的、不对称的、拼图式的，等等。有的则将旗袍的立领加以变化，变成时装款的深 V 字领或是将立领夸张化，等等。更多的设计师则是将旗袍元素运用到现代服装设计中，既兼顾了民族风情又颇具可穿性。如上身为旗袍款式，而裙子的下摆变成迷你 A 字裙或是不对称设计的纱裙。把旗袍应用在现代服装设计中，结合当下流行趋势，可以充分发挥各种奇思妙想，可以自由洒脱，可以混搭，运用各种方法和材质，通过造型、布局、色彩、线条等手段给人以整体和谐之美。

四、对当今服装审美的批判

改革开放以来，人们的服装审美观逐渐从最初的盲目性走向成熟、理性。近年来中国服装行业飞速发展，多元化的服装审美风尚给人们提供了广阔的审美空间，而在消费文化的影响下，人们逐渐形成的清晰服装审美理念在欲望的促使下开始变得模糊，甚至迷失。

（一）当今服装审美文化的失根现象

在中华人民共和国成立后的最初三十年，中国并没有真正意义上的服装设计。进入20世纪80年代，服装设计才开始起步，在经历了改革开放之后，获得了很大的发展。20世纪90年代后中国服装业发展速度迅猛，特别是20世纪末至今，设计师层出不穷，服装品牌不断出现。随着服装业的发展和时装、流行的概念不断深入人心，人们逐渐关注服装，并开始探寻服装背后的文化内涵。

现阶段国际服装文化的主流仍然是西方服装文化，现在中国人所穿着的服装造型基本上也是在西方立体的服装造型基础上发展起来的。中国传统服饰的“天人合一”的和谐、含蓄审美观几乎荡然无存，取而代之的是西方追求体现人体曲线、形体美的审美观。中国传统服装修长、舒展，弥补东方人身材的矮小，和谐的比例显现出东方女性的窈窕、清秀，舒展的服装造型与柔和的中国人的面部轮廓协调相称。然而观察今天的中国服装市场，人们已经习惯在西方文化的外衣下展示身体之美，属于中国的美已经很难找到。大众传媒对现代服装文化的宣传兴趣也大多集中在商业广告上，“前卫派”则把金钱投向时装的顶尖作品，把西方国家这种颓废现象中的服饰文化当成了服装文化的主流。

这种情况下，很多国内服装实际是忘记了文化是服装的本质，忘记了服装永远根植于文化。他们一味与国际接轨和全球化，完全抛开了中国几千年的传统文化，特别是传统服饰文化，这样就使中国的服装设计丧失了根基。国内目前缺少能参与国际竞争的有中国传统文化特色和品牌风格的服装品牌，缺少服装设计大师。反而是以西方文化为主流的国际时装舞台上刮起“中国风”。经历了一段狂热学习西方服装文化之后的许多国内服装设计师也开始了对民族服饰文化的反思与挖掘，但由于缺乏一种全面的、深入道德、历史的专业基础，往往使设计限于表面化。对中国传统服饰文化的理解过于片面和表面化，致使服装设计师们把中国传统服饰的内涵变成了符号，缺少文化背景、内涵和修养。例如有些品牌的发布作品就是一些凌乱的堆砌，生硬地拿来一些旗袍、马褂、丝绸、团花图案，或是直接借用一些秦汉、唐宋、明清的服装造型，生搬硬套，被人认为是“没文化的设计”。由于没有把握住中国传统服饰文化内在的精神，这些拼凑、堆砌的服装在舞台上有一定的视觉效果，但走下舞台也就结束了它们的生命。

整体看来，现在国内的服装产品不论在样式还是文化的内涵上，都无法充分凸现民族文化的风骨。我们的服装设计师还需对中国传统服饰文化进行深层次的挖掘，深刻了解中国传统服饰文化，将传统元素与时尚紧密结合。

（二）当今中国服饰内在精神、灵魂的空虚

在市场经济飞速发展，社会步伐不断加快，消费文化不断催生欲望，日常生活审美化的背景下，遍地的“美”给人最大的感官享受，也使人们逐渐放弃了思考的权力，用符号取代自我的存在，沉溺于绚丽的表象，使审美走向肤浅化、盲目化。中国儒家思想“天人合一”的着装美的原则在人们心中逐渐淡化，人们把过多的时间放在看似效果明显的外在美化、修饰上，遗忘了对内在精神、灵魂的观照。失去本质力量的生命，无论穿着如何花哨的衣服，都是暗淡的、有失生机与美的。美的境界不能脱离心灵，是心灵与身体的融合。而今天呈现在我们眼中的着装美大多只是所谓的形体美、服装的形式美，如爱美的女性用服装来美化自己、证明自己的存在，展现自己的个性。在精神的领地被膨胀的欲望不断占领之时，人们的行为是焦躁不安的、措手不及的，浮华的表面下隐藏着空洞的灵魂，使本来具有个体隐匿性的城市生活更加失去安全感，妄图通过服装进行的陌生人之间的自我表达只会演变成一种炫耀式的表演，落幕后将会是无止境的空虚与孤独。

五、对当今中国服饰文化批判后的思考

作为民族历史积淀和文化标志的中国现代服饰要继续保持自己的民族特性，在变革服装外在形式和追求形式美的时候，不要忘了通过服装传递中华民族的灵魂和更深层次的文化底蕴，这才是孔子一再强调的与形式美如影随形的中国服装内在的美。在现在对“文”强调的同时，也应该注重内在的“质”美。而这时的“质”除了表现个体的内在思想和个性外，应更多地突出民族特质和本性。在中国服装文化的发展方面要坚持“和而不同”的原则，在兼容并包的前提下保持中国服装审美文化的精髓与神韵，提倡“天人合一”的和谐含蓄东方美。对中国服装的发展历史做深入研究，了解服装产生的社会历史、地域特色及民族风情、民俗文化等服装的内在意蕴，在此基础上追求服装的时代感。五千年的文明史，服装的发展演变丰富多彩，诸多的文化式样也为今天的民族服饰发展提供了许多有价值意义的参考和借鉴。原始社会的彩陶，商周的青铜器，楚国的漆器，汉魏的画像石、画像砖、瓦当，其图案纹样、装饰手法，都可以有选择地移植和运用到服装设计。还有千变万化的民间剪纸，精美的民间刺绣，独具风采的蜡染、扎染、布编手工艺古朴的服饰纹样，娇娆多姿的纽襻盘花等，也都具有很高的继承价值。国画书法是以独特形式闻名于世的传统文

化，具有很高的欣赏价值，将其运用到服装设计上，更增添了作品独创的意境美。

近几年随着中国经济的迅速崛起，文化学者们开始追逐经济背后的文化价值，开始思考全球文化一体化下的民族文化识别、民族认同和话语权。“国服”概念的提出也正值这一时期。

“国服”是由国家规定的或者是约定俗成的带有中国文化特色、有礼仪象征意义和标志性作用的服饰的统称。“国服”的复兴，并不仅仅是一种服装的兴起，服装只是其表面，应该由表及里引出中国文化的复兴甚至对民族传统文化的呼唤，即挖掘中华民族的主体文化——儒家礼仪思想在新时代的内涵。“国服”的背后应该拥有华夏深厚的文化底蕴，成为中国和世界文化中的经典。

第三章

历代孔子像赏析

现在人们能够见到的孔子像可谓不计其数，从空间上说，不仅在国内常见，而且在世界范围内也屡有发现。中国的各种孔子形象的视觉表现，从年代上说，有古代的、近代的、现代的，时间跨度达两千多年；从材质上说，有纸绘、布绣、石雕、木雕、泥塑、陶制、金属制，等等；从形象上说，有帝王形象的、官员形象的、先师形象的、平民形象的，也有美化形象的、丑化形象的，等等；从活动内容上说，有读书的、讲学的、从政的、周游列国的，等等。我国的孔子形象可谓是层出不穷、应有尽有，但关于孔子形象有据可考的官方史料并不多。其中，据《史记·孔子世家》记载："孔子长九尺六寸，俗谓长人而异之。"由孔子弟子撰写的《论语·述而》更侧重描述孔子的气质，用十个字进行了概括："温而厉，威而不猛，恭而安。"为了表达对孔子的景仰，历朝历代始终在不断地神化孔子，宋修在《祖庭广记》中将孔子描述为"四十九表"，即反首、洼面、月角、日准、河目、海口、牛唇、昌颜、均赜、辅喉、骈齿等，后来民间又将孔子的相貌简括为"七露"：嘴露齿、眼露睛、鼻露孔、耳露窿，奇丑无比。所以，虽然迄今为止人们一直在试图还原孔子的真实形貌，但是事实上，历代有关孔子形象表现最多的绘画和雕塑作品都基本延续着"概念化"和"符号化"的倾向，并服从于当时的精神气质和文化特征。对于孔子图像的赏析，表面上看属于艺术史或美术史的范畴，因此对图像从艺术史的角度来分析是必不可少的。无论孔子的视觉图像如何表现，一个不争的事实是，儒家思想已经成为中国两千多年封建社会的主导思想，也是中国文化和精神品格的核心内容，它对于当下的文化和艺术也有积极的参照和启示作用。而这，也许才是对历代孔子像进行赏析的最终意义所在。

历代表现孔子形象的记载和实物浩如烟海，在此不可能一一列举。笔者在这里将根据自己现有的能力，从历代关于孔子的图像中挑出一些具有历史价值和代表性的图像进行赏析。

一、汉代孔子形象的表现形式

（一）“孔子见老子”题材内容的画像石

自汉代开始，儒学因其有利于维护中央集权和社会稳定的特点而受到了统治者的重视和尊崇，汉武帝“罢黜百家，独尊儒术”，致使其成了统治中国封建社会两千多年的主导思想。先秦诸子百家时代结束以后，儒学的发展有两个高潮。第一次是在汉代：汉武帝听从董仲舒的建议，罢黜百家，独尊儒术，于是儒学正式登上了中国封建社会思想的统治地位，即由“子学”的一种上升为独尊的“官学”。汉代也是目前有明确年代可考的孔子图像出现的最早时期，这一时期的孔子像主要集中在壁画、画像石和画像砖等载体上，且数量较大，是后人研究最早的孔子图像的重要实物资料。

儒家思想是中国传统文化的主导思想，这是众所周知的历史事实。庄子在《南华经》中以“重言”的形式表达了自己的思想，所谓“重言”是指借重名人来立言。庄子所借重的名人主要是孔子和老子。考察已知的“孔子见老子”题材的图像，虽然学术界的解释可谓众说纷纭，但“孔子见老子”题材的图像不论是画像石、壁画还是其他表现形式都大同小异：每一幅图画都是由孔子、老子、项橐（项橐是春秋时期鲁国的一位神童，虽然只有七岁，孔子却把他当做老师一般请教，故后世尊项橐为“圣公”）、孔子弟子、老子的随从以及其他形象组成的。常见的人物布局方式有孔子拜见老子、孔子率众弟子拜谒老子、孔子率弟子拜谒老子时中间出现稚童项橐，以及画面上仅孔子与老子和项橐相向而立四类。我们可以很容易地判断出谁是老子、谁是孔子、谁是项橐、谁是孔子的弟子，这倒不是因为画面中的人物如何“形神兼备”，而是因为其具有强烈的“典型视觉符号”的内在统一性。一般来说，执杖者定然是老子，手捧一只雁或一只鸟的肯定是孔子，身材比其他人都小得多的、面向孔子的当然是项橐，孔子身后的自然是孔子的学生。如果再加以概括和浓缩，那么仅仅有孔子、老子和项橐三人。有的画面中孔子和老子的位置难分彼此，但有项橐面向孔子发问的元素就足够了；项橐在图像中的布局常常是根据老子的位置来设计的，项橐与老子永远是同一方向面对孔子。项橐有时也可以被省略，但通过手中的曲杖或雁亦能辨别剩下二人的身份，因为重要的不是人物是否“肖似”，而是整个事件本身的体现。这种体现也不是为了让观者重温具体人物的神采，而是意在通过描绘这两位古代圣贤的历史性会面，来宣扬孔子虚心求教的好学精神。

据《水经注》《吕氏春秋》《礼记》《庄子》和《史记》等文献记载，孔子曾数次问“礼”于老子。今天人们所能看到的最早的孔子像，就是汉画像石上的孔子像，尤以《孔子见老子图》最为著名。国内已发现的众多汉画像石“孔子见老子”题材的画像遍布山东、陕西、河南、四川和江苏等地区，以山东地区所见最多，约占已确认该形式画像的 80%。[①] 山东地区是儒家思想的发源地，山东地区出土的“孔子见老子”题材的汉画像石呈现出了鲜明的艺术特点与思想内容。

已知最早表现“孔子见老子”题材的画像石是 1972 年在山东济宁微山县沟南村出土的西汉墓中的画像石（见图 3-1），年代在西汉宣帝至元帝时期（前 73～前 33 年）。画像纵 81 厘米，横 252

---

① 参见李强：《汉画像石〈孔子见老子图〉考述》，《华夏考古》2009 年第 2 期。

厘米，画面分为左右两格，左格为“孔子见老子”石像画，共有人物九人，分上下两列：上列五人，皆佩剑右向（人物左手向）而立，应为孔子弟子；下列四人，老子面向左，孔子手执曲杖，孔子和老子中间有孩童项橐面向孔子站立，孔子身后有配剑弟子跟随。此画中孔子形象高大，符合《史记·孔子世家》中“孔子长九尺六寸，俗谓长人而异之”的记载。孩童项橐的朝向这个关键因素使画面中两个核心人物的身份一目了然。

图 3-1　山东济宁微山县沟南村西汉墓出土的画像石《孔子见老子图》

清乾隆年间出土于山东嘉祥武宅山的“孔子见老子”画像石是现存资料中最早出土的“孔子见老子”题材的画像石。该画像石的左侧有题跋：“孔子见老子画像载洪氏《隶续》，乾隆丙午冬，钱塘黄易得此石嘉祥武宅山，敬移济宁州学。”乾隆五十一年（1786 年），清代大书法家黄易任济宁运河同知时，发现了“嘉祥武梁祠”（也称“武氏祠”）和“武氏前石室”“武氏后石室”“武氏祥瑞图”等二十余块画像石。为妥善保存这批珍贵的古代石刻，黄易等人出资购地盖屋，将别的画像石嵌入四壁保存，却唯将“孔子见老子”一块运到济宁州学（文庙）保管。该画像石现存于济宁市博物馆汉碑亭，整幅画面的重心位于图像中间，表现了老子迎接孔子于路上的情景。画面上孔子居左，躬身双手捧“雁”拜见老子，而据《仪礼·士相见礼》记载，官吏在正式会晤时需执一只相应的鸟以示身份。在这幅图像上，老子居右，手扶曲杖，榜题“老子也”；孔子居左，榜题“孔子也”，老子对其拄杖相迎；孔子与老子之间一推轮小儿为项橐，项橐在“推车问答”；项橐上方有一飞鸟，孔子后有一个随从和一辆轩车，驾双马，榜题“孔子车”；老子后一辆辎车，有榜无题；车后三人捧简向左躬立，当为老子的学生。画中人物及马、马车等造型生动细致，线条流畅，有较高的艺术表现力，如图3-2所示。

图3-2　山东嘉祥武宅山出土的“武氏祠‘孔子见老子’”画像石

1983年于山东嘉祥纸坊镇敬老院出土的汉像画石，图像刻画就显得非常简单。其中，第一石和第四石有两幅“孔子见老子”题材的画像。第一石画像纵111厘米，横45厘米，上下分为三格，“孔子见老子”的画面居第二格，只有孔子、老子和项橐三人。老子在左，孔子在右，长须曲杖，均戴进贤冠，相对颔首施礼，二人图像基本完全一样。人物背后上方分别隶书榜题“孔子”“老子”，中间为项橐，面向孔子，仰面拱手，似在向孔子说话。

第四石画像高103厘米，宽47厘米，画面分三格，“孔子见老子”的画面居第三格。画面中也仅三人，无项橐及孔子弟子。画中老子在左，长须曲杖，身后跟随从一人；孔子在右，腰间佩剑，拱手躬身作拜见状，如图 3-3 所示。

图 3-3 山东嘉祥纸坊镇敬老院出土的“孔子见老子”题材的画像石

1977 年出土于山东嘉祥核桃园乡齐山村的“孔子见老子”题材的画像石画面场面非常宏大，而且刻画精细。该画像石原石纵 56 厘米、横 285 厘米；画面分上下两层，上层刻有“孔子见老子及孔门弟子”的图像，下层刻有“车骑出行图”。在“孔子见老子”的画面中，孔子和老子相互躬身行礼，老子拄着曲杖，榜题“老子也”；孔子捧雁，榜题“孔子也”，其后还有弟子二十人，姿态各异，十分生动，但唯有颜回和子路二人有榜题（然而颜回和子路二人无梁冠，其他人与孔子皆冠）；稚童项橐站在老子和孔子之间，右手推着独轮车，左手指着孔子发问。整行人物显得井井有条，排列得颇有节奏，前后呼应，各有特点，如图 3-4 所示。

图 3-4 山东嘉祥核桃园乡齐山村出土的“孔子见老子”题材的画像石

（二）“孔子见老子”壁画

“孔子见老子”的故事虽然在汉代画像石中常见，但在汉代壁画中却很少见。1957 年出土的河南洛阳老城西北烧沟 61 号西汉壁画墓的“孔子见老子”题材的壁画是目前发现的最早表现孔子图像的壁画，也是最早的孔子图像之一。

这幅壁画在 1957 年发掘于河南洛阳老城西北烧沟 61 号西汉壁画墓，因当时移至洛阳市王城公园内复原保存，所以又称“王城公园西汉壁画墓”，年代约为汉元帝至成帝时期（前 48～前 8 年）。洛阳烧沟 61 号西汉壁画墓以保存着精美豪放的历史故事画而著称。在墓室前堂隔梁正面绘有一幅长卷，高 0.25 米，长 2.06米，中央隔梁为“傩戏舞蹈图”，下方右侧是“二桃杀三士”图，左侧是“孔子见老子”图。图画笔法简练豪放，线条粗犷劲利，画面共有五人，躬身者为孔子，面前小童为项橐，项橐身后执曲杖者自然是老子。老子身后有两人恭立，已分辨不清，应当是老子的随从。壁画以单线勾绘轮廓，风格朴拙而传神，但依然遵循着“孔子见老子”题材的符号性特点，如图 3-5 所示。

图 3-5　河南洛阳烧沟 61 号西汉壁画墓“孔子见老子”题材的壁画

内蒙古和林格尔东汉墓位于乌兰察布盟和林格尔县新店子乡境内的一座土山上，墓分前、中、后三主室和三耳室，全长约 20

米，墓壁、墓顶及甬道两侧有壁画 50 多幅，榜题 250 多顶，是迄今为止我国考古发掘中所见榜题最多的汉代壁画墓。和林格尔汉墓中的孔子图像显得十分粗犷，色彩、线条、画法简单粗糙，仅对人物形象做了简略的勾勒，甚至有点像今天的儿童画。虽然如此，依然可以看出同后世的《孔子见老子图》的布局基本一致。在和林格尔壁画墓中，孔子和老子及其弟子等在画面中一字展开，自左至右分别是老子、项橐、孔子及手捧竹简的孔门弟子(分别是颜渊、子张、子贡、子路、子游、子夏、闵子蹇、曾子、仲弓、曾赐、公孙龙、冉伯牛、宰我等十五人，其后又绘有无榜题的孔子门徒十三人，共计绘有孔门弟子二十八人，人物众多，规模之大，可谓壮观，是“孔子见老子”题材中场面最大的壁画。壁画人物头部左侧均有墨书榜题。和林格尔东汉墓壁画中众多的历史故事画像反映了汉代儒学占据统治地位这一历史背景在艺术上的表现，足见儒家思想在汉代的影响之广，已经深入边远地区，如图 3-6 所示。

图 3-6　内蒙古和林格尔东汉墓《孔子见老子》壁画(部分)

2007 年 10 月 12 日发现的山东东平东汉墓中的“孔子见老子”题材的壁画现收藏于山东省博物馆，壁画上刻着的“孔子见老子”的故事向世人还原了两千多年前孔子的真实相貌。这幅壁画共描绘了两个场景，展示了孔子向老子问礼的过程：第一幅是孔子、老子二人相对，身着绿服的老子略显瘦小，身稍外侧，右手抬至胸部，左手微曲置于胯部，双目微垂看向孔子；身着黑服的孔子身体前倾，双手拢于胸前，首微扬，面向老子躬身作谦虚问礼状。第二幅则是二人互相拱手作相对状，犹如尽兴交谈。对照其他汉墓中发现的“孔子见老子”题材的壁画，虽然山东东平东汉墓中的壁画连老子的木杖和童子项橐都省略了，但其绘制精美、色彩鲜艳、线条流畅，对人物形象的刻画非常精细。在这幅壁画中，孔子的形象显得特别高大突出，其身着布衣，面部的胡须清晰，皱纹满额，鼻翼高挺，颈后凸瘤，形象写实；面目虽丑陋，但更接近于一个普通人的形象，这进一步反映了当时百姓心中的圣人就是一位活生生的布衣学者，显示了作者对于孔子这个中心人物进行个性化描绘的努力，如图 3-7 所示。

图 3-7　山东东平汉墓《孔子见老子》壁画

陕西靖边杨桥畔东汉墓中前室东壁上层左侧也绘有典型的“孔子见老子”题材画像：画中绘有七个人物，老子手持曲杖位居最左侧，孔子居右，拱手与之相对，其身后跟随手持简册的弟子四人。在孔子与老子之间的是童子项橐，其身穿红衣，双手下垂，左手以绳牵引一只鸠车（带轮的玩具车），此画对稚童项橐的描绘相当生动，显示出了汉代工匠巧妙的想象力，如图 3-8 所示。

图 3-8 陕西靖边杨桥畔东汉墓《孔子见老子》壁画

二、唐宋孔子图像的发展

唐宋时期是中国历史上尊崇孔子及儒学的第二个高峰。官方对于孔子的尊崇在唐玄宗时达到了顶峰——孔子被敕封为“文宣王”。从此，孔子的形象也增加了一个“冕服”的模式。到了宋代，宋真宗先后封孔子为“玄圣文宣王”和“至圣文宣王”，元代成宗时更是将孔子封为“大成至圣文宣王”。宋元时期是包括人物画在内的中国古代绘画史的巅峰时期，在整个社会儒学风气的影响和统治阶级的支持推动下，许多知名画家也参与孔子图像的创作，这一方面大大提高了孔子图像的艺术水准，另一方面也因为许多画家往往能不囿于前人的模式而表达出自己对于孔子的理解，所以也为阐释孔子提供了新的视角。在宋代，民间关于孔子的相貌而衍生出来的“七陋说”逐渐形成，并成为后来描绘孔子图像尤其是肖像类图像的主要依据。

(一)表现孔子形象的艺术作品

中国古代绘制的各种形式和风格的孔子像存世较多，但大家最认可、感觉最亲切的还是传为唐代吴道子所画的“先师孔子行教像”，现存于山东曲阜孔庙圣迹殿的石刻像石《先师孔子行教像》据传为唐代著名画家吴道子所绘，但原作早已不幸遗失。

孔庙的石刻本《先师孔子行教像》堪称孔庙的镇庙之宝，由复制的石刻本拓印的《先师孔子行教像》拓本也是目前国内拓印最多的古迹拓本。《先师孔子行教像》石高 195 厘米，宽 63 厘米，画面上方题写“先师孔子行教像”，右上方题写“德侔天地，道冠古今，删述六经，垂宪万世”，左下方落款“唐吴道子笔”并加盖一方印章。这个题写并非吴道子所做，而是后人从陈凤梧的《孔子赞》中选取并添加上去的。画的整体风格完全符合吴道子的风格，画中的孔子雍容大度，身体稍稍前倾，头扎儒巾，双目前视，双手作揖，须发飘逸，显得谦卑有礼、慈祥谦恭、威严内蕴，透出了先师圣人的智慧。吴道子的线描富有运动感、节奏感，有粗细、紧缓的变化，浑圆厚实，挺拔有力，转折自然，流畅飘动，亦被称为“吴带当风”。而此石刻显然在用笔、技法上还达不到吴道子的画风。还有个佐证是，唐代的画家并没有把着眼点放在绘画作品的款识上，到目前为止，还未见有在画幅中署款的唐代作品。画家在作品上署名的做法是在五代之后才慢慢地发展起来的，正如清代钱杜在其所著的《松壶画忆》一书中所说的那样：“画之款识，唐人只小字藏树根石碑，书不工者多落纸背。至宋代，始记年月，也仅细楷，书不两行。”所以，这里的“吴道子笔”是值得商榷的。到底《先师孔子行教

图 3-9　山东曲阜孔庙石刻《先师孔子行教像》

像》是否为吴道子所画，现在还未能有个令人满意的答案。但一千多年来，《先师孔子行教像》被世界公认是最能传神再现至圣先师风范的孔子肖像画，如图 3-9 所示。

《孔子弟子像卷》纵 32.3 厘米，横 870 厘米，传为唐代大画家阎立本所作。曾藏清宫内府，后流往日本数十年，今藏故宫博物院。图卷绘孔子弟子立像，现存 59 像。墨笔勾勒、着色、人物形象各异，须眉生动。卷上有"顺治三年七月初二钦赐大学士臣宋权恭记"长方印、清宫收藏书画鉴赏印玺和乾隆御笔题字。此图为乾隆时期（1736～1795 年）时复入内府。图后有蒋溥所作的跋一段，后又有王杰、曹文埴、彭元瑞、董诰等人合跋一段，合跋内容为复考画中人物，定为孔子弟子，如图 3-10 所示。

图 3-10 传为阎立本所作《孔子弟子像卷》（局部）

《孔子弟子像卷》与北京故宫博物院藏的宋人无款《七十二贤像卷》对照，诸多人物体貌均十分相像，动作、朝向都大体一致；两卷均残，前图 59 人，后图 36 人，当为同一稿的两件复本；《七十二贤像卷》尚存年款"元祐三年"，即北宋哲宗元祐三年（1088 年），《孔子弟子像卷》的创作年代亦应当相仿。另外，两图的画法共同处很多，如人物造型均为短粗，双目都呈丹凤眼，衣纹多是流畅的琴弦描，设色素淡，基本用了平涂法。孔子、子渊、子路等人尤其相像，面貌、穿戴与动作、朝向都大体一致，故可以肯定两图时代相近；而且无款的《七十二贤像卷》卷末有残题，尚存年款"元祐三年"，明确是北宋后期作品[1]，与之风格相近的《孔子弟子像卷》自然也不可能是唐代阎立本创作，两图也许出自同一稿本，也可能是此本临自彼本，即一稿两本。

图 3-11　浙江温岭唐代孔子铜像

浙江温岭唐代孔子铜像是现存最早的孔子塑像实物，塑像高 26 厘米，宽 18 厘米，重 1 千克，为后晋天福(936～941 年)年间由移居东南的孔氏后裔避乱携至浙江温岭，保存至今已有一千多年的历史。《温岭县志》中称其为唐代作品。这尊孔子像冠后起两柱横簪，持笏端坐，长髯及胸，双目圆睁，直视前方，似有怒色，形状古穆，铸相奇妙，如图 3-11 所示。

图 3-12　现藏于孔府的孔子夫妇楷木像

现藏于孔府的还有一座 60 厘米高的孔子夫妇楷木像。楷木是孔子故乡山东曲阜孔林中一种特有的树种。孔子夫妇楷木像刀法古朴浑厚，端庄肃穆，孔子雕像高 38 厘米，长袍大袖，手捧朝笏，神态威严；亓官夫人雕像高 41 厘米，长裙垂地，雍容大方。二人形象生动。楷木像的雕刻者有两种说法：一说为孔子之孙"述圣"子思雕刻，二说是孔子的弟子端木赐所刻，但两种说法都缺乏确凿的证据和有力的说

① 单国强:《唐阎立本孔子弟子像传卷初鉴》，载《收藏家》2002 年第 3 期。

明。从雕刻风格来看，该作品应为宋代仿刻，如图 3-12 所示。

《先圣小像》又名《孔行颜随像》，藏于山东曲阜圣迹殿内。画像纵 90 厘米，横 54 厘米，孔子拱手在前，颜子拱手紧随其后，广袖，长衣曳地，上刻宋太祖、宋真宗御制《孔子赞》，下署“绍圣二年三月一日四十八世孙端本书，端友立石”。据孔子第四十七代孙孔传在成书于南宋绍兴四年(1134 年)的《东家杂记》中记载：“今家庙所藏画像，衣燕居服、颜子从行者，世谓之小影，于圣像为最真。”认为此像在孔子像中最真，最接近孔子原貌。孔尚任在《阙里新志・祀典》中也说：“乃当年端木赐传写，晋顾恺之重摹。”从图像来看，如果将《先圣小像》中的颜子去掉，对比《先圣小像》中的孔子与《先师孔子行教像》中的形象，就会发现有许多相同或相似的地方。《先师孔子行教像》和孔子《先圣小像》的图像相似重合的痕迹是非常明显的。《先师孔子行教像》好比工笔白描，而《先圣小像》则类似速写，如图 3-13 所示。

图 3-13 《先圣小像》(现藏于山东曲阜圣迹殿内)

今藏于北京故宫博物院的《马远孔子像》为绢本，册页，淡设色；纵 27.7 厘米，横 23.2 厘米。此图中孔子身着长袍，拱手而立，沉静静思，神情十分生动。全图用秃笔写衣纹，用笔为钉头鼠尾法，简练概括，线长而劲利，寥寥数笔，形神毕现，设色浅淡，韵味高雅。另外，此图中孔子额头大而前凸，整个面部凹陷；眼小鼻大，胡须稀疏且短；身材纤细瘦弱，背微驼而无力。司马迁在《史记·孔子世家》中对孔子是这样描述的："生而首上圩顶，故因名曰丘云。""圩顶"就是说头上有个坑，说明孔子前额高。虽然画中的孔子相貌不一定对，但却表明作者不囿于前人的程式。从这幅传世的作品中可以看出，作者敢于大胆剪裁，删繁就简，运用人物身段、动态来刻画人物的形神，达到了简洁生动的艺术效果，如图 3-14 所示。

图 3-14　北京故宫博物院收藏的《马远孔子像》

《孔子见荣启图》为绢本设色，大小为 24.8 厘米×24.8 厘米，现藏于美国波士顿艺术博物馆。此画无款，旧传出自马远手笔。此画与体现马远早期风格的《西园雅集图》有些类似，如树木与地面的描绘方式，但它比《西园雅集图》的结构更加紧密。因此，这件有可能是马氏家族的作品，但从画面来看，人物被

图 3-15　美国波士顿艺术博物馆收藏的《孔子见荣启期图》

放置在山林之中，孔子一行跋山涉水而来，车毂的一部分被山丘遮挡，荣启期坐在树下，身披鹿皮，鼓瑟而歌，怡然自乐。宋人小品画作极少题款甚至书写诗文，因此我们无法得知这幅作品的真正题目，但从以上分析可以确定，荣启期是画面的中心所在，而孔子及其弟子是为了烘托前者而出现的，如图 3-15 所示。

《宣圣及七十二弟子赞》石刻碑（见图 3-16）原名《宣圣及七十二弟子赞》，现存杭州孔庙碑林内，石刻共十五块，相传为北宋李公麟画，南宋绍兴十六年（1146 年）刻于临安府学。李公麟本以白描著名，此石刻也是如此。石刻上连孔子在内一共画了七十三个人，除了孔子是坐在坐墩上之外，其余七十二弟子都是面向夫子立着，完全没有其他背景。画面采用长卷的构图方式，达到了每一个人物都能显著突出的效果。这十五块石刻每一块的大小都相等，长 135 厘米，高 43.5 厘米，所刻人物多寡不一：第一块有宋

图 3-16　杭州孔庙碑林《宣圣及七十二弟子赞》碑

高宗御制御书，刻有孔子、颜回、闵子骞三人，其余几块刻了五人或六人不等，最后一块因为有秦桧的题记，所以只刻了一人。以石刻中的孔子画像来说，不像一般常见的相传出于吴道子之手的《先师孔子行教像》那么苍老严峻，而是很有特色且有一种敦厚仁

爱的个性。无论是不是李公麟的作品，这幅石刻都是非常宝贵的。

现存浙江衢州孔庙"思鲁阁"的《先圣遗像》碑（见图3-17）高2.07米，宽0.85米。右下侧提"扈跸南渡四十七世孙兵部尚书传四十八代世系衍圣公孔端友立"。由此可知，此碑乃是北宋末年孔端友随宋室南渡，建家庙于衡州后，为纪念先祖而制。碑的上端有"先圣遗像"四个大字，其下有"德配天地，道冠古今，删述六经，垂宪万世"十六个字，皆篆书。石刻后有衡州孔庙图。石刻中的孔子形象与湖南郴县、四川南溪、上海松江、山西长子的石刻像属于同一样式：丹眼圆鼻，双目炯炯有神，厚唇大耳，颧额微凸，额头上有三道皱纹，络腮长须，头戴披肩软巾，身着拖地长袍，人物面部的刻画、衣纹的用线特征基本相同，刻线浅细，线条均匀，圆润挺括而少方折；画中的孔子双手相合，右手在上，左手在下；孔子左侧腰间佩剑，剑柄短，方向朝后。相传，石刻上的孔子像是根据唐代画家吴道子稿本摹刻的。郴县、南溪的《先圣遗像》碑右方镌"吴道子笔"四字。图中的孔子形像已经具有明显的宋代才有的"七陋"特征。所谓"七陋"，即"七窍之陋"，陋，露也，指的是孔子七窍异于常人的表露之相，具体而言乃"眼露白，耳露轮，口露齿，鼻露孔"等丑陋特征。这种说法较早的版本出现于金代孔元措所撰《孔氏祖庭广记》，在晚期的孔氏家谱中更为常见。所谓"七陋"的"异相"，事实上就是民间为了神化孔子，突出孔子异于常人。不

图3-17

《先圣遗像》碑

过，即便这些有关孔子的记载基本属实，照此描绘也未必就是孔子本来的相貌。

（二）三教合流的视觉表现——三教图

魏晋南北朝时期，儒学的正统地位受到冲击，这促使儒学融合并吸收了佛教、道教的理论，也促进了儒学的发展，反映了古代中国儒、释、道三教合一的社会思潮。其实，将儒、释、道三教的始祖放到一起进行崇拜的形式不晚于唐代。当时中国社会上多数人承认三教鼎立这样一个事实，认为孔子、释迦牟尼、老子都是“圣人”，都值得尊敬。在诸多“三教图”中，三教崇拜的次序是：释迦牟尼一般处于画面中心，老子位左次之，孔子位右次最末。这种次序安排甚至影响了宋、元、明、清历代的三教图模式，一直鲜有变化。

擅长绘制“三教图”之类作品的画家为数不少，如唐之孙位，宋之马远、陈清波，明之丁云鹏、陈洪绶等。“三教图”中多描绘释、儒、道三教创始人共坐树下相谈的场景。事实上，这种场面是从来不曾存在过的，画家不过是凭借手中的画笔表达了自己对佛、道思想的膜拜以及对儒家学说的尊崇，下面试举几例进行阐述：

三教寺石佛像位于重庆市高桥镇三教寺遗址中，现遗址内仅存若干石构件：三教寺门石牌、两个柱基石和三尊石佛像。石像为典型的儒、佛、道“三教”造像，像面相丰满，肉髻高耸，大耳下垂，神情庄重而不失慈祥，身材比例匀称，结构合理，体态自然舒展，具有很强的动态感；人物着通肩式衣饰，衣纹流畅，下身衣褶悬搭于座前，束腰式台座，呈典型的唐代造像风格。释迦牟尼居中间，而且图像明显比老子和孔子高大，而孔子又是居于右侧，位次最低，这是一个奇妙的组合，显然体现的是佛教信仰主导下的三教合一。三人都是以佛教典型的坐姿——结跏趺坐在佛教的典型道具“束颈须弥座”上，这种安排显然在一定程度上与唐朝统治者道教为先、佛教居末的意愿是相悖的。孔子与老子的服饰、姿态基本一样，都持玉圭端坐。其中的孔子塑像给我们提供了一个十分珍贵的唐代孔子图像文本，如图 3-18 所示。

图 3-18　重庆市高桥镇三教寺石佛像

河南嵩山少林寺山门内东侧有一块《三教圣像》碑，刻在唐代《大唐天后御制诗书》碑的背面，刻碑时间是金大安元年（1209 年）七月。碑上有线刻《三教圣像》图，中为佛教始祖释迦牟尼，左为腰间佩剑的儒教始祖孔子，右为道教始祖老子。这块石碑进一步证明，儒、释、道三教像的次序安排已经不是偶然、个别的现象，后世即便由于构图或者艺术个性的原因在位置安排上有所不同，但三者的主次也已经基本固定下来了，如图 3-19 所示。

图 3-19　河南嵩山少林寺山门内东侧的《三教圣像》碑

明代画家丁云鹏曾画过一幅《三教图》，纸本设色，纵 115.6 厘米，横 55.7 厘米，图画表现了孔子、老子、释迦牟尼共坐于树下一同探究玄理的情景。由于丁云鹏自己擅长绘制佛像，而且他本身也是一名佛教信徒，因此，他将释迦牟尼置于画面中心，端坐于绿柏与菩提树下，其两侧的岩石上分别侧坐着孔子与老子。画中的三位智慧长者面目严肃，神情专注：孔子儒雅敦厚，循循善诱，正发表言论；老子道貌岸然，谨慎而善辩，他注视着对方，似乎准备随时发问；释迦牟尼双目低垂，安详而平静，从他紧锁的眉头可以看出他已沉浸于思索之中。在这一时期，随着儒、道、释三教的融合，宗教题材的绘画也有了世俗化的倾向，此画中的宗教人物与作为供养对象的神仙不同，脱离了程式化的因素，有着鲜明的个性特征和情绪化色彩，同时融入了文人的审美情趣。在画法上，丁云鹏的《三教图》运用“高古游丝描”的手法，画中人物细劲而“笔力伟然”，既有古朴之感，又具有时代气息。尤其是人物服饰的红色、蓝色与赭色，赋色沉稳和谐。山石树木勾勒添色取法文徵明，小青绿设色，文静典雅，营造了一种静谧清淡的意境，引人入胜，如图 3-20 所示。

图 3-20　明·丁云鹏《三教图》

明代画家陈洪绶也画过一幅《三教图》，此画纵 130 厘米，横 46.5 厘米作于天启七年(1627 年)，绢本设色，现藏江苏省无锡市博物馆，是陈洪绶早期的杰作。这幅画作用笔细劲沉稳，气息高古，衬以树石背景，设色浓而不俗，人物树石都带有陈氏特有的夸张变形的特征；人物勾廓细劲工稳，树叶重笔双钩。从构图上看，儒、释、道三位始祖相对拱手而立，孔子、释迦牟尼面朝老子，似在聆听论道；释迦牟尼居于视觉的中心，而且位置高于孔子和老子，显然是作者主观上是将释迦牟尼作为最重要的人物，也表明了佛教的实际影响和地位。但是，从情节安排和人物图像上看，老子一袭白袍，气度不凡，显然是主体，这可认为是画家自己的独特表达，如图 3-21 所示。

陈洪绶的第四子陈字也画有一幅《三教图》，此画绢本设色，现藏于天津博物馆。受父亲影响，陈字对于儒、释、道三教的位次似乎更加在意。画面中，身着红衣的释迦牟尼仍然居于中心的位置，老子与之拱手并立，白袍皓首，皆神态奇古，骁然尘外。释迦牟尼造型用笔婉转繁复，老子更为概括简练，孔子则中规中矩，三者对比强烈，令人赞叹。释迦牟尼、老子二人面向孔子，孔子躬身施礼，似乎在向两位高人讨教。从衣着、姿态、表情和情节的安排上，均不难看出三教之间的关系，如图 3-22 所示。

中国历来的“三教图”虽然强调“合会三教，融通百家”，但三家人物往往保持独立，切磋借鉴，不会“三位一体”，一身三面。但嘉靖四十四年（1565 年）明皇室朱载堉所立的《混元三教九流图赞》碑上所刻的《混元三教九流图》却将佛、道、儒三教创始人绘为一体，整体看为一人，分开看则为三人，艺术地表达了“三教合一”的理念。画面上，单看中间，一人光头盘膝而坐，是佛教创始人释迦牟尼，其双手还持有一画卷，上面绘有《九流图》；单看右侧，一人头载道冠，屈身站立，是道教创始人老子；单看左侧，一人头带儒巾，屈身站立，是儒教创始人孔子。这幅图画浑然一体，别具情趣，如果不留心辨别双耳上的儒巾和发髻，的确很难看出这是三

图 3-21　明・陈洪绶《三教图》

图 3-22　明・陈字《三教图》

个人的合体像，如图 3-23 所示。画面上方刻有唐肃宗李亨的《三教圣像赞》：“佛教见性，道教保命，儒教明伦，纲常是正。农流务本，墨流备世，名流责实，法流辅制，纵横应对，小说咨询，阴阳顺天，医流原人，杂流兼通，述而不作。博者难精，精者未博。日月三光，金玉五谷，心身皮肤，鼻口耳目，为善殊途，咸归于治。曲士偏执，党同排异，毋患多岐，各有所施。要在圆融，一以贯之。三教一体，九流一源，百家一理，万法一门。”此赞点明了三教九流的思想实质，最后归结为

图 3-23　《混元三教九流图赞》碑

“三教一体，九流一源，百家一理，万法一门”，阐述了三教合流的思想。

三、明清时期的孔子图像

在明、清两代，孔子像的表现与以往相比有了很大的不同，主要反映在统治者对于孔子的地位、称号和祭祀方式态度的转变所带来的变化上。此外，还出现了许多有关孔子图像的其他表现形式，如年画、雕塑、书籍插图等，这反映了人们对孔子崇拜的多样化，体现了浓郁的民间化色彩。文人画家们依然在按照自己对孔子和艺术的理解来诠释孔子图像，这也成为明清时期孔子图像表现形式的大致格局。

（一）“孔子圣迹图”

自汉唐和宋代比较单一的各类反映孔子形象的画像诞生以来，历代统治阶层对孔子及其儒学思想的重视，为展现孔子生平的连环图画的出现奠定了物质基础。“孔子圣迹图”就是一类反映孔子生平事迹的连环图画，也是我国历史上具有完整故事情节的最早的一部连环画。在学术界，大多认定最早的“孔子圣迹图”出现于元代，只是由于时代久远而没有流传下来。明清时期，各种“孔子圣迹图”日渐丰富，以最简便、最通俗的手法将孔子一生的经历以形象化的方式展现在了世人面前，幅数从十几幅到百余幅不等。“孔子圣迹图”在版本和绘制手段上呈现出不同的样式，有木刻本、彩绘本、石刻本、珂罗本、影印本等多种。其中，大部分是木刻版画作品，少数是石刻本，绘本最少。然而，不论是木刻本、彩绘本、石刻本，还是珂罗本、影印本，均具有图文并茂、故事生动、绘制精细、线条流畅、形象传神的特点，其对后世连环画的形成与发展发挥了重要的作用，特别是在形式与内容上，对后世的连环画产生了深远的影响。总之,各种“孔子圣迹图”不仅是我国文化艺术宝库中的珍贵遗产,而且具有较高的历史价值、审美价值和收藏价值。

明代张楷(1398～1460 年)所绘的《孔子圣迹图》是唯一在史书有记载的时间最早的刻本。《孔子圣迹图》最初是木版雕制,以便印刷流传,后来为长久保存便镌刻于石上。石刻本共有 120 幅,图文并茂,图片绘刻精美,文字叙事简明。石刻曾在上海青浦县孔宅内,后张氏后人镶之四壁。石刻今已不存。从明代正统年(1444 年)算起,流传至今已有五百六十多年(比曲阜孔庙的石刻早一百五十多年)。之后很多的木刻、彩绘、手绘、影印本等“孔子圣迹图”都是以张楷的石刻版为母本制作的。

现存最早的石刻本《孔子圣迹图》立于今孔庙圣迹殿内,共有 120 块刻石,其中,总题目“圣迹之图”(篆书)石 1 块,文字石 9 块,画幅石 110 块。曲阜孔庙圣迹殿里石刻“圣迹之图”吸收了前人之精华,可以说是集大成之作,其洒脱流畅的线条精致入微,千年历史之场景得以生动再现,孔子等人物的形象栩栩如生。

据《圣迹殿记》记载:“阙里故有圣迹图若干幅,在枣梨……散在各庑。”明万历二十年(1592 年),山东巡按御史何出光提议将木刻改为石刻,并于孔庙隙地创建“圣迹殿”加以保存。次年,山东按察副使张应登按部都曲阜,又建议增加“克复传颜”“孝经传会”“合葬于防”“过庭诗礼”“望吴斗马”“杏坛植桧”“三垅植楷”7 幅图,将原稿增至 112 图。石刻各宽 60 厘米,高 38 厘米,既有孔子的事迹画面,又有标题及文字说明,由毛凤羽汇校,杨芝作画,章草刻石,至万历二十年十二月告成。相传,其画图底稿为宋人木刻画本。

山东曲阜孔府保存着的彩绘绢本《孔子圣迹图》(见图 3-24)绘制的主要根据也是《史记·孔子世家》,且文字多用原作,选择的是孔子生平中较重要的行迹,有文有赞,但无题目。《孔子圣迹图》共 36 幅图,每页宽66.2厘米,高 41.4 厘米,画心宽 57～62 厘米不等,高近 33 厘米,无款,作者及绘制年代不详。其图前有二跋,其一为雍正七年(1729 年)跋,认为该图出自明成化、弘治(1465～1505 年)年间。由于其相隔年代相对较近,故这一说法较可信。然而,在此册彩绘本中,著名的"礼堕三都""韦编三绝""论穆公霸""五乘从游""灵公郊迎"等故事都没有反映出来,于理不合,故推知这一彩绘本的原本可能未能完整地保存下来,今存的只是残本。

图 3-24　山东曲阜孔府保存的彩绘绢本《孔子圣迹图》(局部)

据现在掌握的史料和有关研究者的分析来看，目前所能看到的最早的木刻本《孔子圣迹图》始于明代。明正统九年(1444年)，监察御史张楷依据《史记·孔子世家》中记述的孔子史实，旁采《论语》《孟子》等，辑成《圣迹图》，反映了孔子生平的29件事，并撰写了每幅图的说明和赞诗，木刻之以传世。其后，弘治十年(1497年)，何廷瑞等又在新增了9件事、共计38幅后重新刻印，但新增9图有说明而无赞诗。

在明嘉靖时期有翻刻正统木刻版本，崇祯时期有吕维祺的木刻本；清康熙、乾隆、嘉庆、同治时期，也都先后沿袭前述种种版本翻刻过《孔子圣迹图》的木刻本。

(二)“孔子为鲁司寇”题材的画像

在孔子画像中，目前发现的“孔子为鲁司寇”题材的画像共有四幅。其中，镶嵌在山东曲阜孔庙圣迹殿正中壁上的为第一幅(见图3-25)，刻石高134厘米，宽73厘米。传为顾恺之绘(一说为吴道子绘)，画的是孔子五十多岁做鲁国司寇时的官服标准像，面容威严刚正。《论语·述而》中有这样的话：“子温而厉，威而不猛，恭而安。”意思是说，孔子温和而又严厉，威严但不凶猛，恭顺

图3-25　山东曲阜孔庙圣迹殿正中壁上的《孔子为鲁司寇像》

而安静，威严中显出仁德，严厉中露出慈祥。

第二幅是宋人摹吴道子《孔子为鲁司寇像》(见图 3-26)，画为绢本设色，纵 120 厘米，横 63 厘米，工笔重彩。孔子为半身像，礼冠玄衣，配方心曲领，方面大耳，浓眉大眼，直鼻阔嘴，厚唇露齿，方颏浓髯，神态威严。然而，画像虽威严有力，却毫无仁者、圣者应有的大智慧相，反而乍看与捉鬼的钟馗十分相似，作者仿佛把孔子神化了。由此看来，孔子在作者心目中的地位不低，而且十分庄严。画心上为朱文印“宣和之宝”，诗堂楷书宋高宗赵构御制《孔子赞》：“大哉宣圣，斯文在兹。帝王之式，古今之师。志则春秋，道由忠恕。贤于尧舜，日月其誉，维时载雍，戢此武功，肃照盛仪，海内聿崇。”经专家鉴定，此系明代中期作品。

图 3-26　宋人摹吴道子《孔子为鲁司寇像》

第三幅为明蜀惠王朱申凿临摹的吴道子绘《孔子为鲁司寇像》(见图 3-27)，画像上部有行书七行，文为明蜀王制赞诗：“无为萃聚，圣智生成，天地之度，日月之明，帝王模范，古今准程，德尊万代，道著六经。”所谓的“明蜀惠王朱申凿摹吴道子司寇像”显然应当是临摹失传的“吴道子画司寇像”而来，在人物图像和艺术技巧方面，即便达不到吴道子的水准，但至少也十分相近。继而可以推知，后面“有明神宗书、宋高宗赞”的“宋人摹吴道子司寇像”也应该是类似的面貌。

图 3-27　明蜀惠王朱申凿摹吴道子《孔子为鲁司寇像》

第四幅为清人所作，画像上方有楷书七行，书明蜀王制赞诗，系孔府旧藏字画，纸本设色，工笔重彩。图中孔子头戴司寇冠，身穿司寇服，配方心曲领，神态威严，如图 3-28 所示。

图 3-28　清人作《孔子为鲁司寇像》

（三）《孔子燕居像》

山东曲阜圣迹殿中的《先师孔子行教像》广为流传，影响最大，为人们所普遍认可和接受，成为迄今为止最流行的孔子像。其实，还有另一幅流传甚广的孔子像，这就是明代佚名画家的《孔子燕居像》（见图 3-29）。这幅画对后世孔子像的影响也很大，可谓孔子标准像的由来之一。这幅画表现的是处于学生中间作为先生的孔子，而不是寻求仕途的孔子。而作以上解，并且使“燕居”不解作“闲居”而解做“退朝而居”，可见孔子在两种场合中的角色转换与为人。在“退朝而居”的情况下，孔子既保持着自己的尊严，又展露了自己亲近平易的为人，使人有“望之俨然，即之也

图 3-29　明·佚名《孔子燕居像》

温”的感觉，充分展现了一个学者的素养和真实的生活写照。

（四）《三圣图》

《三圣图》为绢本设色，纵143厘米，横76厘米，工笔淡彩。款署“大德二年四月望日，吴兴私淑弟子赵孟頫谨绘”，如图3-30所示。经专家鉴定，此系明代前期作品。三圣是指至圣孔子、复圣颜回和宗圣曾参。画作中，孔子慈眉善目，礼冠玄衣，腰垂韦毕，素裙乌履。左为颜回，右为曾参，形态逼真细腻。最奇的是三人的衣纹布帛之处写有《论语》一部，清晰可见。《论语》总共16509字，完全不重复的字就有1357个。远看衣纹潇洒自如，不易辨出字迹，近看则是秀丽的蝇头小楷，这种别出心裁的创新让人叹为观止，显示出了此画作者的独具匠心和独特构思。该画现藏于曲阜孔府，是国内独一无二的珍品。

图3-30　明·赵孟頫《三圣图》

（五）《孔子观攲器图》

《孔子观攲器图》现由山东曲阜衍圣公府收藏（见图3-31）。据《阙里文献考》记载为明代郭飒绘，图画绢本设色，纵99.5厘米，横59厘米，孔子图像高19厘米，宽10厘米。画名出自《荀子·宥坐》：“孔子观于周庙，有攲器焉。孔子问于守庙着曰：‘此谓何器也？’对曰：‘此盖为宥座之器。’孔子曰：‘闻宥座器，满则覆，虚则攲，中则正，有之乎？’对曰：‘然。’孔子使子路取水试之，满则覆，中则正，虚则攲。孔子喟然而叹曰：‘呜呼！恶有满而不覆者哉！'"画面上方有题字十二行，每行十一字，正述其事。左起第三人为孔子，身着布衣，拱手施礼，表情谦逊，身形远高大于他人。孔子身后为两弟子，可能是颜子和曾参，左上提水桶注视孔子者当为子路。儒学大家骆承烈认为提水桶者为周庙的仆役，而非子路。孔子对面还礼答问者为周庙守攲器者。"孔子观攲器"的典故意在儒家倡导的"中庸"的道理，左侧并列三个攲器，分别呈现"满""中""虚"三个状态。整幅作品一方面表现了孔子的性格特征和精神气度，另一方面通过攲器图解了儒家思想中重要的"中庸"理念，二者相得益彰。孔子通过欹器领悟到做人就应像欹器一般，不能自满，一自满就会有跌跤、翻倒的危险，即所谓"满而覆"。因此，他告诫学生要牢记"谦受益，满招损"这一人生诫训，要时刻保持谦虚谨慎，戒骄戒躁。

图 3-31　明·郭诩《孔子观攲器图》

(六)《孔子讲学图》

《孔子讲学图》的作者说法不一,《阙里文献考》认为其是宋朝画家李唐的手笔。该画绢本,设色,纵 176 厘米,横 85 厘米。图中描绘了孔子讲学时的情景。画幅上有山水、巨石、松柏、红杏,石壁下老松盘曲,红杏杂列,孔子端坐于瀑布之上的石台讲坛上,头戴司寇巾,身着黑袍,粉红衬里,右手斜抱如意,凭几讲授。弟子拱立受教者一人,执香炉立者一人,拱手侍者一人,群聚讲业者十六人,内一人抱琴,三人执卷,余者拱手,或敛袖,或曳杖,或行相问答,凡弟子在列二十人。弟子们顺山下盘路,缓缓向孔子坐处行走。孔子周围又有松柏、红杏交相辉映,飞瀑流泉。此画布局严谨,线条精细,设色鲜明,人物众多,形神具备,如图 3-32 所示。

图 3-32 《孔子讲学图》

除了《孔子讲学图》之外，还有一幅《孔子杏坛讲学图》，是明代吴彬的作品。该画绢本，设色，纵 125 厘米，横 62 厘米，工笔重彩，线条流畅，笔端雅秀，反映了尚时尚古、精工细绘的院派风格，有着着色古雅而气清的风貌。除了让人们玩味不已之外，还将人们的视线导入了清净无华的世界，如图 3-33 所示。

图 3-33　明·吴彬《孔子杏坛讲学图》

孔子设教杏坛的记载最早见于《庄子·渔夫》："孔子游乎缁帷之林，休坐乎杏坛之上。弟子读书，孔子弦歌鼓琴。"《孔子杏坛讲学图》中孔子为正面端坐像，两侧为颜子、曾子、子思、孟子，其皆面向中间，聆听孔子讲学。五人均着大领广袖长服，用蓝布挽髻，坐蒲团。该图构图简单，大体分为杏树和人物两部分。杏树采用折枝画法，枝干用浓墨勾出，再以赭绛渲染。朝阳面与背阴面形成对比，枝干圆浑自然，富有立体感，粉红色的杏花花瓣饱满。不过，作者不惜力气、重点刻画的是人物动态和内心世界，在线条造型与表现技巧方面，作者匠心独运，线条飘动流畅而不轻浮，舒松随意而不散乱，结构严谨而不拘束，方方面面显示了作者娴熟的艺术功力。对于背景的描写，作者采用了以少胜多、以虚衬实的手法，几乎舍掉了众多人物存在的自然环境，使一个个形态各异的人物更加鲜艳夺目。特别是对孔子背景的构思可谓独具匠心：作者用大小恰到好处的一扇空白屏风挡住了后面的杏树，这屏风还恰似一个光环，让本来就处于中心位置的孔子更加引人注目。

(七)《南熏殿旧藏圣君贤臣全身像册》中的《孔子立像》

该像册为纸本、白描，为明代作品，46 对幅，尺寸失记，白描画冠服全身像，各像签题。《孔子立像》为其中的第 34 幅，笔法极其写实，人物的个性也十分鲜明。画作为绢本，墨绘，23 开，每开对画 2 人，共画尧、舜等 46 人。其中孔子像戴皮弁，长眉，长须髯，双手相执，大袍略短，露出下裳、翘头鞋。容颜肃穆，作凝思状，如图 3-34 所示。

图 3-34 《南熏殿旧藏圣君贤臣全身像册》中的《孔子立像》

(八)曲阜大成殿孔子像

山东曲阜大成殿中的孔子像高 3.35 米，今天孔庙大成殿中的孔子塑像就是 1984 年根据清雍正八年(1730 年)的孔子像重塑的，如图 3-35 所示。这里的孔子已不是布衣、“素王”，而是以传统的周代帝王最华贵的服饰标准形象所塑的最尊贵的天子吉服塑像。曲阜孔庙大成殿内的孔子像头戴十二旒冕，身着十二章服，手捧镇圭，凛然独立，一如古代天子礼制。塑像前面设有“至圣先师孔子神位”，更显得分外神圣而威严。这是一种帝化和神化的孔子形象。历代王朝追封孔子，封号也越来越高，直至“大成至圣文宣王”而为“万世师表”。身着衮冕的孔子塑像与传统神位的奇妙组合，是作为一个文化象征符号的孔子在中国两千多年封建社会中历时性精神、文化融合与重构的最终完结。

图 3-35　山东曲阜大成殿中的孔子塑像

四、国外的孔子形象

以孔子为创始人的儒家学派在中国历史上流传最广、影响最大，其思想影响之所及，不仅是专门研究文化史、思想史、哲学史等专家学者的问题，也是中国全社会的问题，甚至可以说是世界上所有追求理想社会的人士的共同问题。汉唐时期，中国的经济、科技、文教发展水平都居世界前列，在不少方面推动了世界文明的发展。以孔子为代表的儒家文化远播海外，以人道、仁道、和谐、中庸之道义辐射到周边国家，形成了以日本、朝鲜半岛以及新加坡、越南等东南亚国家为主的广大的儒学文化圈。不过，虽然儒学在中国历史上对中国文化的发展曾起过较大的积极作用，但儒学的内容与近代世界的要求有较大的距离，因此在西方未能取得较大的影响。最初西方世界对孔子的了解都是“只闻其声，不见其形”。自16世纪起，传教士利玛窦第一次把中国文化中的孔子形象介绍到了欧洲。法国近代启蒙思想家伏尔泰对中国的儒学表示赞佩并不是偶然的，这是因为儒家的理想主义可以与西方的理想主义相媲美。随后，儒学不仅又传到了美洲大陆，还在西方文化中几经变化，成为了代表中国文化的最著名的一个符号。

（一）美国联邦最高法院上刻的孔子石像

在美国联邦最高法院这座白色建筑东门上方的三角墙上，刻有三个石像，分别是颁布《十诫》的摩西、雅典立法家梭伦，以及穿着长袍、留着长须的古代中国思想家、教育家孔子（见图3-36）。摩西和梭伦都是古代西方立法的先驱，那东方人孔子为什么也是伟大的立法者呢？因为他为中国传统社会确立了行为规范：作为统治者，必须“合道统”，这个“道统”就是仁义道德；作为民众，要“知礼”，所谓“知礼”就是要守秩序，要忠孝仁爱，要知道分寸，也

图3-36　左起第五个人物为孔子

就是儒家说的“中庸之道”。由此,孔子是中国两千年前的立法者、中国道统的开创者也就不难理解了。美国联邦最高法院的官方介绍中说,这三个人是人类历史上“最伟大的立法者”。从美国联邦最高法院刻孔子像这一点来看,孔子在海外是有着巨大的影响力的。

(二)《中国贤哲孔子》中的孔子形象

1687 年,比利时传教士柏应理在巴黎以拉丁文出版了《中国贤哲孔子》(*Confucius Sinarum Philosophus*)一书。这是第一部比较完整地向西方介绍中华文明的重要组成部分——儒家思想的书。柏氏的这本书在欧洲人中造成了较大的影响,对中国文化的西传具有启蒙意义和先驱作用。

《中国贤哲孔子》为精装对开本,共 412 页,书的扉页上列出了四位编著者的姓名:殷铎泽、恩理格、鲁日满、柏应理。

《中国贤哲孔子》的第三部分是 8 页的孔子传记,材料取自中国文献,开卷便是孔子的全身像(见图 3-37),这也是孔子画像在欧洲的首次刊印。画中的孔子身穿儒服,头戴儒冠,手持笏板,站在一座庙宇式的建筑之前。建筑物上方写有“国学”二字,附有拉丁注音和解释,柱子上写有“天下先师”的字样。孔子身后两旁是装满了经书的大书架,书架上的书籍均标出了书名,自上而下,一边是《书经》《春秋》《大学》《中庸》《论语》;另一边是《礼》《易经》《系

图 3-37　1687 年出版的《中国贤哲孔子》中孔子像

辞》《诗经》《孟子》，都附以拉丁文注音。这幅孔子肖像在儒学西传史上具有重要意义，它既向欧洲展示了儒学的基本文献，又表现了儒学的学统。该书首次详细地向欧洲介绍了孔子的生平，不仅有对孔子一生活动的介绍，更重要的是介绍了孔子的教育实践和教育思想，并对孔子做出了很高的评价。

（三）汤岛圣堂中的孔子铜像

汤岛圣堂坐落于东京文京区御茶水站附近，由德川幕府第五代将军德川纲吉于 1690 年创建，占地近 1.4 万平方米，是日本现存最大的孔庙。汤岛圣堂根据明末遗民朱舜水的《学宫图说》监造，圣堂内正中共有三座漆龛，正中漆龛中供奉孔子像，左右两侧小漆龛中供奉曾子、孟子、颜子和子思的牌位。圣堂内供奉的孔子像是朱舜水于崇祯年间从舟山带去的三尊孔子像中的一尊。像高 38 厘米，宽 13 厘米，厚 9 厘米，由青铜铸成。孔子骈齿冠服，是根据山东曲阜孔庙中相传为吴道子所绘的画像而制，如图 3-38 所示。

图 3-38　汤岛圣堂孔子铜像

足利学校孔庙位于日本枥木县足利市昌平畈足利学校旧址，是日本国家级重点文物保护单位。足利孔庙是仿照中国山东曲阜孔庙的制式而兴建的三门三进院落，依次是“入德门”（大门）、“学校门”（中门）、“杏坛门”（大成殿院门），三门均建于日本宽文八年（1668 年），三门的匾额题字据说是明代蒋龙溪手书，最后一进是大成殿，大成殿正面龛座内供奉着木雕孔子坐像。据木胎内铭文记载，此像成于日本天文四年（1535 年），雕像愁喜交织的表情很特别，带有日本人的浮世绘特点，是日本国内最早的孔子圣像。孔子盘腿端坐，身着便服，两手自然置于膝上，头戴铜质高翅软冠，下连披肩。胡须垂于胸前，水晶制成的两眼炯炯发光，面容安详。现存雕像为天禄三年(1831年)日本著名画家渡边华山所塑，是依照天文四年的蓝本雕刻的。塑像采用了一种脱胎工艺，即内为苎麻，外面层层涂胶，最外涂漆，可以保存几百年而不致干裂，如图3-39所示。

图3-39　日本足利学校孔子木雕像

“一千个读者心中有一千个哈姆雷特”，那么一千个人心中也会有一千个孔子。由于不同历史时期、不同艺术家对孔子的理解不同，所以目前社会上的孔子像多种多样，形象不一。在孔子诞辰2557年纪念日前夕，在众多艺术家、学者等的呼吁下，2006年9月23日，中国孔子基金会在孔子故里山东曲阜向全球正式发布了孔子的“标准像”。这尊孔子像看上去比原来的更加慈祥，宽鼻、阔嘴、浓眉、长髯，国字形脸，眼神比原来的温和，是一个具有山东人相貌特征的忠厚长者，也是在被世人所普遍认同和深入人心的吴道子所绘的《先师孔子行教像》的基础上创作的，如图3-40所示。

图3-40　孔子标准像

2018年，耗时三年完工，高达72米(约30层楼高)的世界上最大最高的孔子像(图3-41)正巍峨矗立在孔子出生地——曲阜尼山。72米像高象征着孔子的七十二名贤弟子。孔子像采用钢结构主体，包裹铜质外层。孔子像主要以吴道子的《先师孔子行教图》为参考，按照“亲、敬、师、长、尊”的形象塑造。

图3-41　世界最高孔子像

两千多年前的孔子到底长什么模样？相信今世之人谁也说不清楚。作为中国历史上伟大的思想家、教育家、儒家学说的创始人，孔子在每个人的心目中都有不同的相貌。中国人传播普及的是孔子博大精深的思想，至于孔子长的什么样，对树立孔子的形象已无关紧要，孔子已经成了一个文化符号，这个符号就是他的形象，而最重要的，是要让孔子的精神思想在现实中得以延伸传承。

主要参考文献

(汉)董仲舒撰:《春秋繁露》,上海古籍出版社 1989 年版。

(汉)司马迁:《史记》,上海书店出版社 1997 年版。

(南朝梁)刘勰著,范文澜注:《文心雕龙注》,人民文学出版社 1958 年版。

(唐)房玄龄等撰:《晋书》,中华书局 1974 年版。

(宋)朱熹撰:《四书章句集注》,中华书局 1983 年版。

(清)张廷玉等纂修:《明史》,中华书局 1975 年版。

(清)阮元校刻:《十三经注疏》,中华书局 1980 年版。

(清)刘宝楠撰:《论语正义》,中华书局 1990 年版。

黄简编:《历代书法论文选》,上海书画出版社 1979 年版。

朱光潜:《西方美学史》,人民文学出版社 1979 年版。

钱穆:《论语新解》,巴蜀书社 1985 年版。

郑午昌编著,黄保戊校阅:《中国画学全史》,上海书画出版社 1985 年版。

徐志锐:《周易大传新注》,齐鲁书社 1986 年版。

张殿英:《杨家埠木版年画》,人民美术出版社 1990 年版。

李辛儒:《民俗美术与儒家文化》,中央民族学院出版社 1992 年版。

孙机:《中国古舆服论丛》,文物出版社 1993 年版。

李学勤主编:《礼记正义》,北京大学出版社 1999 年版。

潘鲁生编著:《中国民俗剪纸图集》,北京工艺美术出版社 1999 年版。

陈望衡:《艺术设计美学》,武汉大学出版社 2000 年版。

李广元:《色彩艺术学》,黑龙江美术出版社 2000 年版。

俞建华编著:《中国古代画论类编》,人民美术出版社 2000 年版。

叶立诚:《服饰美学》,中国纺织出版社 2001 年版。

蔡仲德注译:《中国音乐美学史资料注译》,人民音乐出版社 2004 年版。

杭间:《中国工艺美学史》,人民教育出版社 2007 年版。

徐慕云撰:《中国戏剧史》,上海古籍出版社 2008 年版。

贾玺增:《中国服饰艺术史》,天津人民美术出版社 2009 年版。

钟敬文主编:《民俗学概论》,上海文艺出版社 2009 年版。

李薇主编:《中国传统服饰图鉴》,东方出版社 2010 年版。

沈从文:《中国古代服饰研究》,商务印书馆 2011 年版。

李广元:《艺术灵性生成》,人民美术出版社 2012 年版。

华梅:《中国服装史》,中国纺织出版社 2013 年版。

[德]爱克曼辑录:《歌德谈话录》,朱光潜译,人民文学出版社 1978 年版。

[德]黑格尔:《美学》,朱光潜译,商务印书馆 1981 年版。

[德]格罗塞:《艺术的起源》,蔡慕晖译,商务印书馆 1984 年版。

[法]克莱尔克:《色彩片原理》,石油工业出版社 1977 年版。

[瑞士]约翰内斯·伊顿:《色彩艺术》,杜定宇译,上海人民美术出版社 1985 年版。

[英]迈耶尔、科泼斯通主编:《麦克米伦艺术百科词典》,舒君等译,人民美术出版社 1989 年版。

图书在版编目(CIP)数据

儒学与造型艺术/李希今,姚曦平著.
—济南:山东大学出版社,2016.12
(儒学与艺术学论丛/张积强总主编)
ISBN 978-7-5607-5685-1

Ⅰ.①儒…
Ⅱ.①李… ②姚…
Ⅲ.①儒学—关系—绘画—造型艺术—研究—中国
Ⅳ.①B222.05

中国版本图书馆CIP数据核字(2016)第321412号

责任编辑:傅　侃
装帧设计:牛　钧

出版发行:山东大学出版社
社　址　山东省济南市山大南路20号
邮　编　250100
电　话　市场部(0531)88364466
经　销:新华书店
印　刷:东港股份有限公司
规　格:720毫米×1000毫米　1/16
9.5印张　120千字
版　次:2020年1月第1版
印　次:2020年1月第1次印刷
定　价:42.00元